Anonymous

Publikationen

IX. Beiträge zum Urheberrecht

Anonymous

Publikationen
IX. Beiträge zum Urheberrecht

ISBN/EAN: 9783744699327

Hergestellt in Europa, USA, Kanada, Australien, Japan

Cover: Foto ©Suzi / pixelio.de

Weitere Bücher finden Sie auf **www.hansebooks.com**

Publikationen
des Börsenvereins der Deutschen Buchhändler.

IX.

Beiträge zum Urheberrecht.

Beschlüsse

des

außerordentlichen Ausschusses

für

Revision der Gesetze über Urheberrecht

nebst Begründung.

Leipzig,
Verlag des Börsenvereins der Deutschen Buchhändler.
1896.

Publikationen

des

Börsenvereins der Deutschen Buchhändler.

IX.

Beiträge zum Urheberrecht.

Beschlüsse

des

außerordentlichen Ausschusses

für

Revision der Gesetze über Urheberrecht

nebst Begründung.

Leipzig,

Verlag des Börsenvereins der Deutschen Buchhändler.

1896.

Beiträge zum Urheberrecht.

Beschlüsse

des

außerordentlichen Ausschusses

für

Revision der Gesetze über Urheberrecht

nebst Begründung.

Leipzig,
Verlag des Börsenvereins der Deutschen Buchhändler.
1896.

Druck von Fischer & Wittig in Leipzig.

Inhaltsverzeichnis.

Einleitung.

Nach Beendigung der Arbeiten des im Jahre 1893 ernannten außerordentlichen Ausschusses für Revision der Gesetze über Urheberrecht ist seitens des Vorstandes des Börsenvereins der Deutschen Buchhändler der folgende Antrag auf die Tagesordnung der Hauptversammlung vom 3. Mai 1896 gesetzt worden:

Die Hauptversammlung wolle genehmigen:

a) daß der Vorstand den von dem außerordentlichen Ausschuß für Revision der Gesetze über Urheberrecht vorgelegten Bericht dem Reichskanzler zur Berücksichtigung bei einer Revision der bestehenden Gesetze über Urheberrecht einreiche,

b) daß derselbe Bericht unter dem Titel „Beiträge zum Urheberrecht“ als IX. Band der Publikationen des Börsenvereins erscheine.

Nach erfolgter Beratung über diesen Punkt der Tagesordnung ist dieser Antrag von der Hauptversammlung einstimmig genehmigt worden.

Demzufolge hat der Vorstand des Börsenvereins den Bericht nebst Vorschlägen des Ausschusses dem Reichskanzler mit der Bitte um Berücksichtigung bei einer stattfindenden Revision der bestehenden Gesetze über Urheberrecht überreicht und erfolgt dem weiteren Beschlusse der Hauptversammlung gemäß die Herausgabe des Berichts unter dem Titel „Beiträge zum Urheberrecht“ als Publikation des Börsenvereins.

Leipzig, den 15. Juli 1896.

Der Vorstand
des Börsenvereins der Deutschen Buchhändler zu Leipzig

Arnold Bergstraeßer. Wilhelm Laber. Wilhelm Volkmann.
Johannes Stettner. Emanuel Reinicke. Carl Engelhorn.

1.

Bericht über die Thätigkeit des Ausschusses.

Die Hauptversammlung des Börsenvereins vom Jahre 1893 beschloß auf Antrag des Vorstandes, einen außerordentlichen Ausschuß zur Revision der bestehenden Gesetze über das Urheberrecht einzusetzen.

Der Vorstand im Verein mit dem Wahlausschuß wählte dazu folgende Herren:

Dr. Erich Ehlermann aus Dresden.
Alfred von Hölder aus Wien.
Otto Mühlbrecht aus Berlin.
Fritz Schwartz aus München.
Ernst Seemann aus Leipzig.
Wilhelm Spemann aus Stuttgart.
Robert Voigtländer aus Leipzig.

An den Sitzungen nahm meistens auch Herr Dr. Eduard Brockhaus aus Leipzig teil, anfänglich in seiner Eigenschaft als Erster Vorsteher des Börsenvereins, nach Rücktritt von diesem Amte (Ostermesse 1895) auf Bitte des Ausschusses als Privatmann.

Der Ausschuß trat am 27. Juni 1893 behufs Feststellung seines Arbeitsplanes in Leipzig zusammen. Er wählte zum Vorsitzenden Herrn Wilhelm Spemann aus Stuttgart, zum Schriftführer Herrn Robert Voigtländer aus Leipzig und beauftragte die Herren von Hölder, Schwartz, Seemann und Voigtländer mit einem schriftlichen Berichte über die Lage der gegenwärtigen Gesetzgebung. Ferner veranlaßte er die Zuwahl eines Sachverständigen aus dem Kreise der Musikalienhändler. Der Verein der deutschen Musikalienhändler schlug dazu Herrn Dr. Ludwig Strecker in Mainz vor, der darauf zum achten Mitglied des Ausschusses gewählt wurde.

Die erste Arbeitssitzung des Ausschusses fand vom 29. November bis 1. Dezember 1893 in Leipzig statt. Der Bericht der Herren von Hölder, Schwartz, Seemann und Voigtländer lag gedruckt vor und bildete die Grundlage der Beratungen. Diese bezogen sich einesteils auf allgemeine Fragen, insbesondere auf die von der bestehenden Gesetzgebung nicht berücksichtigten Rechte des

Verlegers als Bestellers und Unternehmers. Im weitern wurden eingehend beraten sämtliche Paragraphen der drei Gesetze vom 11. Juni 1870 über Urheberrecht an Schriftwerken, Abbildungen, musikalischen Kompositionen und dramatischen Werken, vom 9. Januar 1876 betreffend das Urheberrecht an Werken der bildenden Künste und vom 10. Januar 1876 betreffend den Schutz der Photographien gegen unbefugte Nachbildung.

Um sicher zu sein, daß sich der Ausschuß im Einverständnis mit anderen Berufsgenossen befinde, beschloß man, gelegentlich der Ostermesse des Jahres 1894 eine Rücksprache mit einer Anzahl einzuladender Verleger zu veranstalten, mit denen eine Reihe besonders wichtiger Punkte erörtert werden sollten. Diese Punkte wurden den Eingeladenen vor der Versammlung in einem Fragebogen mitgeteilt.

Die sehr gut besuchte Verlegerversammlung fand Freitag, den 20. April 1894 nachmittags sechs Uhr im Buchhändlerhause zu Leipzig statt. Der Gang der Verhandlungen zeigte dem Ausschuß, daß für die behandelten Fragen in den Kreisen der Verleger ein lebhaftes Interesse vorhanden sei und daß er mit seinen Ansichten sich in Übereinstimmung mit maßgebenden und erfahrenen Berufsgenossen befinde.

Ein Teilnehmer an dieser Versammlung, Herr Eduard Quaas in Berlin, sandte später dem Ausschuß eine größere Denkschrift, welche viel Beachtenswertes enthielt und deshalb der nächsten Beratung des Ausschusses mit zu Grunde gelegt wurde. Dasselbe geschah mit Vorschlägen, die Herr Dr. Julius Hoffmann in Stuttgart dem Ausschusse einzureichen die Güte hatte.

Diese zweite Lesung fand vom 17. bis 19. Oktober 1894 statt. Die Verhandlungen führten in allen wesentlichen Punkten zu einer fast vollkommenen Verständigung. Nur in ganz wenigen Fällen wurden Beschlüsse nicht einhellig, sondern gegen eine Minderheit gefaßt.

Für die dritte Lesung war die Hinzuziehung sowohl von Juristen als auch von Schriftstellern in Aussicht genommen. Der Ausschuß hielt es nicht für ratsam, ohne eine Verhandlung mit solchen Sachverständigen seine Arbeiten zu veröffentlichen, da sonst die Gefahr einer gewissen Einseitigkeit oder doch ihres Scheines schwer zu vermeiden war.

Zwischen der zweiten und der dritten Lesung traten aber Umstände ein, die es wünschenswert erscheinen ließen, die Reichsregierung noch vor der formmäßigen Fertigstellung der Arbeiten des Ausschusses von den Wünschen des Buchhandels vorläufig in Kenntnis zu setzen. Der beste Weg dazu schien zu sein, das Reichsjustizamt um Absendung eines Vertreters zu der nächsten Sitzung des Ausschusses zu bitten, wie ein Gleiches auch bei der Beratung der Verlagsordnung 1891 geschehen war. Das Reichsjustizamt entsprach dem durch den Vorstand des Börsenvereins übermittelten Wunsche des Ausschusses durch Abordnung des Geheimen Regierungsrates Herrn Dr. Dungs.

In dessen Anwesenheit fand vom 20. bis 22. März 1895 eine dritte Lesung statt. Es war für die Mitglieder des Ausschusses von großem Werte, in mündlichem Meinungsaustausch mit dem Herrn Regierungskommissar den ganzen Gesetzesstoff durchgehen zu können; die Arbeit des Ausschusses hat dadurch eine wesentliche Förderung erfahren.

An der vierten Lesung, 6. bis 8. November 1895, nahmen außer den acht Mitgliedern des Ausschusses und Herrn Dr. Eduard Brockhaus als Sachverständige folgende vom Vorstande des Börsenvereins eingeladene Herren teil:

Als schriftstellerische Sachverständige:

Dr. Karl Dziatzko aus Göttingen, Geheimer Regierungsrat, Professor an der Universität.
Dr. Ernst Hasse aus Leipzig, Professor an der Universität, Reichstagsabgeordneter für Leipzig (Stadt).
Herm. Pantenius aus Berlin, Chefredakteur des „Daheim“.

Als Rechtskundige:

Dr. Paul Schmidt, Rechtsanwalt in Leipzig.
Dr. Albert Osterrieth aus Berlin.

Als Zeitungsverleger:

Franz Xaver Bachem aus Köln.

Der Beratung lag zu Grunde die Drucksache Nr. 8 des Ausschusses: „Zusammenstellung der Beschlüsse erster, zweiter und dritter Lesung nebst Begründung. Bearbeitet von Robert Voigtländer und Fritz Schwartz.“ Der Ausschuß hatte die Genugthuung, daß sich keinerlei wesentliche Verschiedenheit der Meinungen ergab, wohl aber in vielen Punkten, darunter den wichtigsten, völlige Übereinstimmung der Meinungen ergab. Auch führte diese gemeinsame Aussprache über die Bedürfnisse des litterarischen Verkehrs in mehreren Fällen zur Erweiterung und Vertiefung der Begründung der Ausschußbeschlüsse.

Über die sämtlichen Beratungen wurden stenographische Protokolle aufgenommen, die, als Manuskript gedruckt, die sehr eingehenden Verhandlungen mit ihren zahlreichen Beispielen und Erläuterungen aus der Praxis getreu wiedergeben.

Das Ergebnis aller vier Lesungen ist die vorliegende Schrift. In ihr sind diejenigen Vorschläge und Wünsche ausgedrückt, welche der Buch-, Kunst- und Musikalienhandel, soweit er im Außerordentlichen Ausschuß vertreten ist, zu den bestehenden deutschen Gesetzen über Urheberrecht vorzubringen hat. Diese Wünsche sind im praktischen Berufsleben entstanden; das Eingehen auf Theorien ist nach Möglichkeit vermieden. Der Form nach schließen sich die Wünsche der Gliederung der jetzt geltenden Gesetze an; nur die Wünsche bezüglich Anerkennung eines neu aufzustellenden Verlegerrechts sind vorangestellt. Die Einleitung bildet ein Aufsatz über „Das Wirken des Börsenvereins der Deutschen Buchhändler zur Sicherung des Urheber- und Verlagsrechts". Diese größtenteils bereits 1893 verfaßte Arbeit war nötig, teils um der Arbeit des Ausschusses eine geschichtlich sichere Grundlage zu verschaffen, teils um darzuthun, daß der Börsenverein der Deutschen Buchhändler, der auf die geltende Gesetzgebung einen sehr weitgehenden Einfluß ausgeübt hat, mit Recht einen gleichen Einfluß auf die zukünftige Gesetzgebung in Anspruch nehmen darf.

Die Fühlung mit der Vergangenheit wies den Ausschuß immer wieder auf den Börsenvereinsentwurf von 1857 hin, der als ein Muster der Unparteilichkeit, Gründlichkeit und Gediegenheit so weittragenden Einfluß auf die spätere Gesetzgebung gehabt hat.

Möge unsere nun abgeschlossene Arbeit zunächst dem Buchhandel, später der vollen Öffentlichkeit darthun, daß der Ausschuß den redlichen Willen gehabt hat, seinen Vorgängern nicht nachzustehen.

Im März 1896.

Dr. Erich Ehlermann. Alfred von Hölder.
Otto Mühlbrecht. Fritz Schwartz. Ernst Seemann.
Dr. Ludwig Strecker. Wilhelm Spemann.
Robert Voigtländer.

2.

Das Wirken des Börsenvereins der Deutschen Buchhändler zur Sicherung des Urheber- und Verlagsrechts.

Das Nachdruckwesen in Deutschland.

Das Nachdruckwesen hatte in der zweiten Hälfte des 18. Jahrhunderts seinen Höhepunkt erreicht in Form der wirtschaftlichen Fehde zwischen den Einzelstaaten des heil. römischen Reiches deutscher Nation. Während in den einzelnen Staatsgebieten völlige Rechtssicherheit herrschte, begünstigten vor allen die süddeutschen Regierungen aus wirtschaftlichen Rücksichten und im vollen Einverständnis mit der Lesewelt ihrer Länder das Nachdruckergewerbe. [1])

Das kursächsische Mandat von 1773.

Von dem am meisten betroffenen Leipzig gingen die ersten wirksamen Versuche der Abwehr aus. Unter der Führung von Ph. Erasmus Reich und Imm. Breitkopf erreichte nach langen Bemühungen in den sechziger Jahren die Leipziger Buchhandelsgesellschaft das kursächsische Mandat vom 18. Dezember 1773, das den sächsischen Buchhandel gegen „ausländischen" Nachdruck sicherte. Außerdem war darin die Wahl von Deputierten des deutschen Buchhandels angeordnet, als Beirat der kurfürstlichen Bücherkommission, der erste Anfang einer Organisation des deutschen Buchhandels. [2])

Die Wahlkapitulation Kaiser Leopolds II., 1790.

In allmählich erstarkendem genossenschaftlichen Gefühle begann später der Buchhandel auf Steuerung des Nachdruckwesens auch

---

1) Vgl. R. Voigtländer, Das Verlagsrecht an Schriftwerken 2c. Leipzig, 1893. S. 13 ff.

2) F. H. Meyer, Reformbestrebungen im 18. Jahrhundert. Archiv. XIII, S. 201—300. (Nach Akten 2c.) — Schürmann, Entwicklung des Deutschen Buchhandels zum Stande der Gegenwart. Halle 1880. Kap. 3 u. 4.

außerhalb Sachsens hinzuarbeiten.[1]) Mit der wirksamen Hilfe und unter Führung des preußischen Legationsrates Ganz und auf Befürwortung von Kurbrandenburg (und Kurmainz[2]) erreichte man in der Wahlkapitulation Kaiser Leopolds II. von 1790 das Versprechen, die Steuerung des Nachdruckes zur Reichssache zu machen. „Insonderheit wollen wir den für Deutschland so wichtigen Buchhandel nicht außer acht lassen, sondern das obgedachte Reichsgutachten auch darüber erstatten zu lassen, wiefern dieser Handlungszweig durch die völlige Unterdrückung des Nachdrucks durch die Herstellung billiger Druckpreise von dem jetzigen Verfalle zu retten sey." Bei dem Versprechen blieb es allerdings.

Das sächsische Mandat von 1812.

Unter dem Drucke der Napoleonischen Quälereien des Buchhandels hatte F. A. Perthes in Hamburg im Jahre 1811 mit andern eine Eingabe[3]) an die sächsische Regierung gerichtet, in der er zur Beschwichtigung des französischen Mißtrauens eine arge polizeiliche Bevormundung des Leipziger Buchhandels und Meßverkehrs anregte. Der sächsische Kirchenrat wies die Leipziger Bücherkommission an, mit Zuziehung der durch das Mandat von 1773 eingeführten Deputierten des deutschen Buchhandels ein Gutachten zu erstatten. Die Deputierten bestanden aber nicht mehr; seit dem Tode von Ph. Erasmus Reich (1788) war ihre Thätigkeit eingeschlafen. Die Bücherkommission verhandelte daher mit eigens hierzu neu erwählten Leipziger Buchhändlern: J. A. Barth, P. G. Kummer, C. Fr. Enoch Richter. Diese wiesen zwar in ihrem Gutachten durchweg die Perthes'schen Vorschläge zurück, und die Bücherkommission schloß sich ihnen in den meisten Punkten an. Trotzdem entschied sich die sächsische Regierung im Sinne der Perthes'schen Vorschläge und erließ das Mandat vom 10. August 1812.[4]) Es bezweckte eigentlich nur Regelung des Censurwesens und des Meßverkehrs. Ganz unvermittelt hatte jedoch die Bücherkommission ihren Vorschlägen den Wunsch auf Erlaß eines Gesetzes über Nachdruckwesen und Verlagsrecht hinzugefügt. Dem entsprach dieses Mandat aber nur durch eine bemerkenswerte Bestimmung über das Übersetzungsrecht.

Das Mandat von 1773 hatte auf des schlauen Ph. E. Reichs Betreiben ein Übersetzungsvorrecht für Leipziger Buchhändler geschaffen. Es bestimmte nämlich, bei Übersetzungen solle derjenige

---

1) Schürmann a. a. O., S. 213. — Schürmanns Darstellung benutze ich im ganzen, wo nicht anders bemerkt, auch weiter bis zur Gründung des Börsenvereins.

2) Metz, Gesch. d. Buchh. III, S. 43.

3) Archiv VII, S. 228 f., 243 ff.

4) Ihro Königl. Majestät von Sachsen u. s. w. Mandat, das Censur- und Bücherwesen betreffend. De dato Dresden, am 10ten August 1812.

den Vorzug und das Ausschließungsrecht haben, der sich in der Leipziger Bücherrolle zuerst einzeichnen lasse und für pünktliches Erscheinen und gute Übersetzung Sorge trage. Der Leipziger Schöppenstuhl urteilte aber eigenmächtig anders: er erkannte kein Ausschließungsrecht der ersten Übersetzung an, sondern begnügte sich, diese gegen Nachdruck zu schützen.[1]) In diesen Erkenntnissen des Schöppenstuhls fand also in Bezug auf Übersetzungsrecht der Wandel vom Privilegienrecht zur heutigen Anschauung statt. Das sächsische Mandat von 1812 schloß sich dieser neuen Anschauung an und hat dadurch eine gewisse Bedeutung.[2])

Der Wiener Kongreß, 1814 bis 1815.

Als im Jahre 1814 die politische Neuordnung Deutschlands beginnen sollte, traten zur Leipziger Ostermesse die Vertreter von 91 Buchhandlungen zusammen zur Wahl und Bevollmächtigung einer aus sechs Mitgliedern bestehenden Deputation.[3])

Diese sollte nach dem Vorteil der Zeitumstände alles thun, was zur Wiederbelebung und Reinigung des Buchhandels, sowie zur Herbeiführung einer neuen, besseren Organisation dienlich sein könnte. Außer den drei Leipziger Deputierten P. G. Kummer, F. Ch. W. Vogel und Enoch Richter gehörten J. F. Hartknoch (Leipzig), J. G. Cotta (Tübingen) und der Legationsrat Fr. Just. Bertuch (Weimar) dem Ausschusse an.

Cotta setzte sich mit dem Fürsten Metternich, Bertuch mit dem Fürsten Hardenberg in Verbindung; beide erhielten die Einladung, während des im September 1814 beginnenden Kongresses in Wien anwesend zu sein. Hartknoch sollte in Dresden auf Fr. von Gentz einwirken. Außerdem verfaßten auf Bertuchs Anregung der Historiker Prof. Luden in Jena (in der „Nemesis") und auf Kummers Anregung August von Kotzebue Denkschriften.[4]) Cotta und der an Stelle seines erkrankten Vaters getretene Karl Bertuch wurden in Wien vorzüglich aufgenommen. Metternich erklärte ihnen: „Meine Herren, Ihre Sache ist die meinige." Die Kotzebuesche Denkschrift, über deren Verfasser man strenges Geheimnis bewahrte, wurde dem Kongresse überreicht, aber von den Wiener Nachdruckern nicht unerwidert gelassen. Durch Titelfälschung eines Nachdrucks der Denkschrift suchten sie sogar den Schein zu erregen, als verträten die buchhändlerischen Abgeordneten nicht den deutschen Buchhandel, sondern nur die Sonderinteressen Leipzigs. Cotta und Bertuch verursachte der Kampf mit den verworrenen Anschauungen und

---

1) A. Kirchhoff im Archiv XVII, S. 362.
2) Vgl. A. Kirchhoff im Archiv XVII, S. 326—353.
3) Archiv. VIII, S. 194 f.
4) Druckschriften des Börsenvereins und des Buchhandels Nr. 1 u. 2.

Interessen viele Mühe und Aufregung,[1]) und über Worte kam es lange nicht hinaus. Cotta reiste nach fünfmonatigem Aufenthalt im Februar 1815 zur Wahrnehmung eigener Geschäfte nach Hause. Karl Bertuch blieb bis zum Schlusse des Kongresses im Juni. In die Deutsche Bundesakte wurde die Bestimmung aufgenommen:

(Die verbündeten Fürsten und Freien Städte kommen überein, den Unterthanen der deutschen Bundesstaaten folgende Rechte zuzusichern:)

... d) Die Bundesversammlung wird sich bei ihrer ersten Zusammenkunft mit Abfassung gleichförmiger Verfügungen über die Preßfreiheit und die Sicherstellung der Rechte der Schriftsteller und Verleger gegen den Nachdruck beschäftigen.

Am Bundestage 1815 bis 1819.

Wie es sich bald zeigen sollte, war es von dieser Zusage bis zu ihrer Erfüllung noch weit; indessen gab sie den Beteiligten ein Recht, auf die Erfüllung unablässig zu dringen.

Die sechs Deputierten übertrugen (am 1. Juli 1816) an Cotta ihre Vertretung am Bundestag;[2]) doch kam dieser erst im März 1817 an die Angelegenheiten der Presse und des Buchhandels. Die sächsische Regierung, der Großherzog von Weimar und der König von Württemberg waren gewonnen; die preußische Regierung sollte von Berliner Buchhändlern bearbeitet werden. Die Berliner scheinen sich aber nachdrücklich erst im Jahre 1820 gerührt zu haben, anläßlich der Wiener Ministerial Konferenzen.[3]) Friedr. Perthes dagegen hatte schon 1816 die Schrift herausgegeben: „Der deutsche Buchhandel als Bedingung einer deutschen Litteratur“,[4]) und von Leipzig aus griff Friedr. Arnold Brockhaus in seiner thatkräftigen Weise in die Bewegung ein.[5]) P. G. Kummer in Leipzig hatte eine für den Bundestag bestimmte Denkschrift ausarbeiten lassen,[6]) die der bremische Gesandte Senator Smitt überreichte. Der Bundestag überwies sie am 26. März 1817 dem oldenburgischen Gesandten Frhr. von Berg, auf dessen Antrag am 18. Juni 1818 ein Ausschuß eingesetzt wurde.[7]) Dieser legte

---

1) Akten des Wiener Kongresses, hrsg. v. Klüber. 13. Heft. Erlangen 1815. — (J. G. Cotta und K. Bertuch,) Eine Nachdrucker-Spekulation von der neuesten Art. Kopie aus der Nemesis 3. Bandes 4. Stück besonders abgedruckt (1815).

2) Archiv, VIII, 196.

3) Vgl. H. Ed. Brockhaus, Friedr. Arnold Brockhaus. Sein Leben u. s. w. 3 Bde. Leipzig, 1872—1881. III, S. 81 f.

4) Vgl. Kl. Th. Perthes, Friedrich Perthes' Leben. 6. Auflage. Gotha 1872. Bd. II, S. 72 f.; ebenda, S. 99 ff. über die Stimmungen zu Beginn des Bundestages.

5) Brockhaus, a. a. O., Bd. III, Abschn. VIII, 2.

6) Schürmann, Entwickelung, S. 231.

7) Protokoll: Verfügungen gegen den Büchernachdruck, infolge des Artikels 18d der deutschen Bundesakte. (33. [vertrauliche] Sitzung d. Bundest., 18. Juni 1818). (4°.)

am 11. Februar 1819 einen Gesetzentwurf vor, der als Übergang vom preußischen Landrecht und von noch früheren Anschauungen zur Neuzeit bemerkenswert ist.[1]) Er enthält urheber- und verlagsrechtliche Bestimmungen. Gegenüber der Anschauung vom ewigen Verlagsrecht einerseits, der einjährigen badischen Schutzfrist von 1801 anderseits wird eine Schutzfrist von 10 Jahren (15 Jahren für Selbstverlag) nach dem Tode des Verfassers vorgeschlagen. Hinterlassene Werke können einen Schutzbrief erhalten. Von Werken, die bei verschiedenen Verlegern erschienen sind, darf der Verfasser eigenmächtig keine Gesamtausgabe veranstalten, damals eine Hauptstreitfrage. Übersetzungen werden gegen Nachdruck geschützt, aber nicht gegen Konkurrenzübersetzungen. Der Schutz gegen Nachdruck geht durch unbillige Bücherpreise verloren u. s. w.

Der Wahlausschuß der deutschen Buchhändler, auf dessen Entstehung wir gleich zurückkommen, reichte unverzüglich dem Bundestag ein Gutachten[2]) ein, in dem er unter Dank für die „einen seltenen Eifer in Ergründung verwickelter Gegenstände bekundenden Vorarbeiten der Herren Kommissarien" wichtige Änderungsvorschläge machte. Während die Kommission es bedenklich gefunden hatte, ein Verbot des Nachdrucks ausländischer Werke vorzuschlagen, regten die Buchhändler an, den Schutz des litterarischen Eigentums zum Gegenstand der Verhandlung zwischen Deutschland und den Nachbarländern zu machen. Noch wichtiger aber als dieser weit vorausschauende Vorschlag war der der dreißigjährigen Schutzfrist. „Die Bestimmung jeder Schutzfrist, sie erstrecke sich auf 1, 10 oder 50 und mehr Jahre, wird immer ganz willkürlich bleiben, nur wird die eine mehr, die andere weniger unbillig sein. Soll aber nun einmal eine bestimmte Frist festgesetzt werden, so scheint sie nach unser Aller Dafürhalten doch wenigstens 30 Jahre betragen zu müssen."

Weder der Entwurf der Bundeskommission noch die Vorschläge des Wahlausschusses erlangten damals thatsächliche Bedeutung. „In dankbarer Anerkennung der lichtvollen Darstellung" des Entwurfs beschloß der Bundestag, bei den einzelnen Regierungen Instruktionen einzuziehen. Doch diese wurden durch die Ereignisse überholt.

---

1) Entwurf einer Verordnung zur Sicherstellung der Rechte der Schriftsteller und Verleger gegen den Nachdruck. Dazu: Kommissionsberichte über die Abfassung gleichförmiger Verfügungen zur Sicherstellung der Rechte der Schriftsteller und Verleger gegen den Nachdruck. (Der mir vorliegende Abdruck steht im Allgemeinen typogr. Monatsbericht für Teutschland, hrsg. v. Landes-Industrie-Comptoir zu Weimar. 9. Jahrg. 1819, S. 51—60.)

2) Ehrerbietiges Gutachten über den ... Entwurf einer Verordnung u. s. w. Von dem Wahlausschusse der deutschen Buchhändler. Druckschriften des Börsenvereins und Buchhandels Nr. 3, auch abgedruckt im Allg. typogr. Monatsbericht 1819, S. 111—124.

Am 20. September 1819 kam infolge der Karlsbader Beschlüsse der Bundesbeschluß zu stande, der an Stelle der in der Bundesakte versprochenen Preßfreiheit die Censur wieder einführte. Die Regelung des litterarischen Rechtsschutzes gedachte Metternich selbst in die Hand zu nehmen, anscheinend unter dem Einflusse von Brockhausens ganz anders gemeinten Vorstellungen.[1]) Er ließ, wahrscheinlich von Adam Müller, österreichischem Generalkonsul in Leipzig, einen „Plan einer staatlichen Organisation des deutschen Buchhandels" ausarbeiten.[2]) Eine Centralbehörde sollte im Anschluß an die bestehende Organisation des Buchhandels ihn überwachen; an dieser Organisation sollten nur Buchhändler derjenigen Staaten teilnehmen, die Gesetzen gehorchen, welche den im Deutschen Bunde angenommenen Verfügungen über die Presse nicht widersprechen; ganz unzulässig sollten Buchhändler der Staaten sein, in denen keine Präventivanstalten gegen die Mißbräuche der Presse getroffen seien. Der Schutz gegen Nachdruck sollte von der Eintragung in eine in Leipzig zu führende Bücherrolle abhängig sein.

Dieser schöne Plan fand allerdings bei den deutschen Regierungen wenig Beifall, vor allen nicht bei der sächsischen. Der von Bergsche Entwurf dagegen bot Metternich zu wenig Gewähr gegen die gefürchteten Ausbrüche der verbitterten Volksstimmung, und so geschah am Bundestage zunächst gar nichts.

Der Wahlausschuß der deutschen Buchhändler, 1817 bis 1825.

Die Buchhändler hatten inzwischen neben ihren Bemühungen am Bundestage den Weg zur Selbsthilfe eingeschlagen.[3]) In Halle a/S. schlossen die Rengersche Buchhandlung, Hemmerde & Schwetschke, die Buchhandlung des Waisenhauses und die Kümmelsche Buchhandlung einen vom 1. November 1816 datierten, sechs Artikel enthaltenden Vertrag. Sie verpflichteten sich darin, nie ein Buch nachzudrucken, kein nachgedrucktes zu verschreiben oder, wenn es unverlangt gesandt sei, die Annahme zu verweigern. Andere Buchhandlungen wurden zum Beitritt eingeladen. Darauf versammelten sich in der Ostermesse des Jahres 1817 Leipziger und auswärtige Buchhändler. In deren Auftrage erließen P. G. Kummer, Enoch Richter, J. F. Hartknoch und F. Ch. W. Vogel die Aufforderung, 25 achtbare Buchhändler aus ganz Deutschland für die Vertretung gemeinsamer Zwecke zu wählen: den Wahlausschuß der deutschen Buchhändler. Der Wahlausschuß

---

1) Brockhaus III, S. 87 ff.
2) Mitgeteilt von H. Ed. Brockhaus im Archiv I, S. 91—119.
3) Vgl. F. H. Meyer, Mitteil. z. inn. Gesch. d. d. Buchhandels von 1811 bis 1848, im Archiv VIII, S. 164—285.

suchte zunächst den Nachdruckern durch Sperrung der buchhändlerischen Verkehrswege das Leben sauer zu machen. Seines Eingreifens am Bundestage im Jahre 1819 ist bereits gedacht worden. Seine eigentliche Bedeutung gewann der Wahlausschuß aber als Vorläufer des Börsenvereins der Deutschen Buchhändler. Der Börsenverein verdankt also recht eigentlich dem Kampfe gegen den Nachdruck sein Entstehen, oder vielmehr: er entstand, weil im allgemeinen Rechtsbewußtsein das Nachdruckwesen ein überwundener Standpunkt war, dem man nun gesetzlich den Garaus machen wollte.

Gründung des Börsenvereins 1825.

Der Anlaß der Umwandlung des Wahlausschusses in den Börsenverein war allerdings etwas sonderbar. Der alte Chr. Horvath in Potsdam, der bekannte Pächter des in den Leipziger Messen als Buchhändlerbörse dienenden theologischen Auditoriums, war mit in den Wahlausschuß gewählt worden und hatte ohne Angabe eines Grundes abgelehnt. Der Grund war aber, daß Horvath selbst einen flotten Handel mit süddeutscher Nachdruckware trieb. Später mußte er Farbe bekennen; nun trat er offen gegen den Wahlausschuß auf und drohte, obwohl Börsenvorsteher, die Messe nicht mehr besuchen zu wollen. Durch dieses Auftreten entzog Horvath seinem Unternehmen den Boden und ermöglichte die Ausführung des im Februar 1824 von Friedr. Perthes empfohlenen Gedankens, Leipzig zum Sitze einer buchhändlerischen Genossenschaft zu machen und auf Grund des kursächsischen Mandats von 1773 Deputierte zu wählen, die als anerkanntes Collegium die gemeinsamen Angelegenheiten besorgen sollten.[1]) Schon zur Messe desselben Jahres fand eine Vorbesprechung statt, und am 30. April 1825 wurde der Börsenverein gegründet.[2])

Preußische Litterarverträge, 1827 bis 1829.

Inzwischen war Preußen, der unfruchtbaren Bundestagsverhandlungen müde, seine eigenen Wege gegangen: es hatte 1827 bis 1829 mit den andern deutschen Staaten 31 Litterarverträge abgeschlossen. Damit war das ohnedies wankende Nachdruckwesen thatsächlich unterdrückt.

Was so Preußen geschaffen, hieß der Bundestag durch den Beschluß vom 6. September 1832 gut; der Inhalt der preußischen

---

1) Perthes' Leben, 6. Aufl. III, S. 483.

2) Horvath wurde von den in den Vorstand gewählten „neuen Leuten" zum Ehrenvorsteher des Börsenvereins gemacht (Schürmann I, S. 251), schied aber im ersten Vereinsjahre freiwillig aus (Frommann S. 46). — Horvaths Nachdruckhandel ist übrigens nach den damaligen, bekanntlich noch nicht ganz geklärten Handelsverhältnissen und Rechtsanschauungen entschuldigend zu beurteilen. Vgl. über den von den ehrenwertesten Firmen betriebenen Nachdruckhandel am Rhein Perthes a. a. O. II, S. 134 u. 135.

Verträge, also in der Hauptsache der gegenseitige Schutz wurde Bundeseinrichtung. Indessen noch nicht ganz: da einzelne deutsche Staaten (Württemberg und Österreich) auf keine Verträge eingegangen waren, so mußten noch die Anfang des Jahres 1834 begonnenen (zweiten) Wiener Ministerkonferenzen der deutschen Bundesstaaten in ihr Schlußprotokoll die Bestimmungen aufnehmen:

Art. 36. Die Regierungen vereinbaren sich dahin, daß der Nachdruck im Umfange des ganzen Bundesgebietes zu verbieten und das schriftstellerische Eigentum nach gleichförmigen Grundsätzen festzustellen und zu fördern sei.

Art. 37. Es soll am Bundestage eine Kommission ernannt werden, um in Erwägung zu ziehen, inwiefern über die Organisation des deutschen Buchhandels ein Übereinkommen sämtlicher Bundesglieder zu treffen sei.

Zu diesem Ende werden die Regierungen geachtete Buchhändler ihrer Staaten über diesen Gegenstand vernehmen und die Ergebnisse dieser Begutachtung an die Bundestagskommission gelangen lassen.

Der Ausschuß des Börsenvereins von 1834.

Zu diesem Beschlusse der Ministerkonferenz haben wahrscheinlich die Frankfurter Buchhändler K. Jügel und K. Brönner wesentlich beigetragen, indem sie der Konferenz einen von Jügel verfaßten Entwurf zu einem Regulativ für den litterarischen Rechtszustand überreichten. Diese Eingabe der Frankfurter hatte aber eine weitere wichtige Folge; sie wurde von der königlichen sächsischen Regierung ihrem Kommissar in Leipzig, dem Hof- und Justizrat von Langenn, übersandt, „um, wie behauptet wird, die Leipziger Buchhändler zu vernehmen.[1]) Langenn aber verstand seinen Auftrag (absichtlich?) falsch, legte den Frankfurter Entwurf dem am Schlusse der Ostermesse noch in Leipzig weilenden Vorstande des Börsenvereins der deutschen Buchhändler (Th. Chr. Fr. Enslin, Fr. Joh. Frommann, F. Schwetschke) vor und verlangte ein Gutachten dieses Vereins. Dies konnte er füglich damit rechtfertigen, daß der Verein seinen Sitz in Leipzig hatte und von der Staatsregierung anerkannt war. Von nun an verhandelte das königliche Ministerium des Innern mit dem Börsenvereine, verlängerte auch nach einigen Schwierigkeiten die Frist zur Abgabe des Gutachtens und gestattete die Verteilung des [streng geheim behandelten] Frankfurter Regulativs an die Mitglieder des Vereins und später auch an andere Buchhändler.“ [Angelegenheit der Presse und Censur waren streng auszuscheiden.]

---

1) Dieser Abschnitt und die nächsten in Anführungszeichen stehenden sind wörtlich — außer einigen in [ ] gesetzten Ergänzungen — Fr. J. Frommanns Geschichte des Börsenvereins entnommen. Frommann als Börsenvorsteher und Mitglied der Ausschüsse von 1834, 1841, 1855 bis 57 und 1869 ist für einen Teil dieser Zeit der beste Zeuge, wie mir auch ein Vergleich mit den Akten bestätigt hat. Außerdem vgl. Perthes' Leben, Bd. III, 6. Aufl., S. 483ff.

„Da am Schlusse der Messe, nachdem fast alle Mitglieder des Vereins sich bereits nach allen Richtungen zerstreut hatten, keine Versammlung und persönliche Abstimmung mehr möglich war, versandte der Vorstand zur Wahl eines außerordentlichen [»Redaktions«] Ausschusses eine Vorschlagsliste und ordnete schriftliche Wahl an. [In dem begleitenden Schreiben vom 1. Juni 1834 heißt es: „Es wird jetzt an uns sein, diesen wohlgeneigten Gesinnungen Dauer zu geben, indem wir mit Umsicht und Mäßigung unser Gutachten stellen, das Unerläßliche von dem Wünschenswerten sorglich trennen, und vor allen Dingen das allgemeine Interesse der Wissenschaft und der Aufklärung, dem wir uns dienstbar bekennen, jedem partikularen Interesse bereitwilligst voranstellen."] Aus der Vorschlagsliste wurden zu den drei Mitgliedern des Vorstands (Enslin, Frommann und Schwetschke, sowie dem Altvorsteher F. A. Barth) Friedr. Brockhaus, C. Duncker (Berlin), W. F. Löflund (Stuttgart), Friedr. Perthes (Gotha); G. Reimer (Berlin) und E. Vieweg (Braunschweig) in den außerordentlichen Ausschuß gewählt. Die außer diesen Gewählten: Hahn (Hannover), Voigt (Weimar), Schmerber (Frankfurt), A. Winter (Heidelberg), H. Erhard (Stuttgart), lehnten ab. Dagegen traten, von den Leipzigern gewählt, hinzu: Friedr. Fleischer, A. Rost, W. Härtel und als Fleischers Ersatzmann L. Voß." [Härtel, Rost und Voß mußten vom Kommunalgardendienst für die Zeit der Tagung losgebeten werden.]

„Dieser Ausschuß vereinigte sich in Leipzig und ward in dem von der Kommerz-Deputation freundlich eingeräumten Saale des Krameramthauses auf dem neuen Neumarkt am 25. August (1834) von Enslin eröffnet in Gegenwart des königlichen Kommissarius von Langenn und des Referendarius von Oppel. Protokollführer war der Konsulent des Börsenvereins, der Rechtsanwalt Dr. Schellwitz. Während 10 Tagen wurden hier in 17 Sitzungen die Vorschläge zur Feststellung der litterarischen Rechtsverhältnisse in den Staaten des Deutschen Bundes beraten und ausgearbeitet, die der ganzen einschlägigen Gesetzgebung in Deutschland zur Grundlage gedient haben. Den Vorsitz führte der »scharfe, bestimmte, kräftige« Enslin mit Ruhe und Klarheit; Schellwitz machte es durch seine Hingabe und außerordentliche Arbeitskraft möglich, daß jeden Morgen mit Verlesung der Protokolle des vorigen Tages begonnen werden konnte, zu denen er sich nur Notizen machte während der Verhandlungen, an welchen er sehr eifrig Anteil nahm." Perthes schreibt über diese Sitzungen: „Die zwölf Tage unsrer Verhandlungen gehören zu den anstrengendsten und aufreibendsten meines Lebens; täglich acht Stunden sich in Entwickelungen der zum Teil schwierigsten Rechtsfragen zu bewegen, Verhältnisse der verschiedensten oft widersprechendsten Art zu durchdringen, die Stellung der Regierungen zu wahren und der Selbständigkeit des Buchhandels nichts zu vergeben, Herkommen und Rechte zu achten und zu schonen und doch freie Entwickelungen möglich zu machen und zu fördern, das ist keine leichte Aufgabe."[1])

„Das Werk dieses Ausschusses: »Vorschläge zur Feststellung des litterarischen Rechtszustandes in den Staaten des Deutschen Bundes« samt den Motiven[2]) ist gedruckt an die Mitglieder des Börsenvereins gesandt und durch Vermittlung der königlich sächsischen Staatsregierung der hohen Deutschen Bundesversammlung übergeben worden."

Bundesbeschlüsse von 1835, 1837, 1841, 1845.

Die Bundesversammlung faßte die Vorschläge des Börsenvereins in engherziger Weise nicht als die der deutschen, sondern nur als die der sächsischen Buchhändler auf. Statt die deutschen Regierungen zu fragen, ob die Vorschläge ihrem besonderen Interesse etwa zuwider liefen, wurden sämtliche deutsche Staaten zu neuen Gutachten ihrer Buchhändler aufgefordert, ein Verfahren, das notwendig ein verworrenes Durcheinander von Ansichten zu Tage fördern mußte. Das Verfahren entsprach allerdings dem Wortlaute nach dem Art. 37 der Wiener Beschlüsse. „Gründe verschiedener Art," schrieb Perthes, „haben die Bundesversammlung zu diesem Schritte geführt; der Hauptgrund aber liegt in der Furcht vor jeder festen, kräftigen Organisation irgend eines Lebensverhältnisses; von den Nadelstichen böswilliger Einzelner läßt man sich zu Tode peinigen, aber eine gesunde, kräftige Organisation will man nicht dulden. Angst hatte die Bundesversammlung vor dem Buchhandel als einem gemeinsamen deutschen, Angst vor dem Börsenvorstand als Vertreter einer korporativen Einheit; weil er Leben bekommen könnte, nahm sie an, daß er auch Gefahr bringen werde. Sagte doch der Bevollmächtigte eines kleinen Staates an der Bundesversammlung, jetzt spräche dieser Verein noch bittweise; wenn er aber sein Netz über ganz Deutschland ausgespannt hätte, so würde er fordern und zwingen." Zu dieser Furcht vor jedem kräftigen Leben seien als Zufälligkeiten noch das namentlich Preußen mißfällige entschiedene Eintreten Sachsens für den Buchhandel und der am 26. Oktober 1834 begonnene Bau des Börsengebäudes gekommen, der die Regierungen aufmerksam gemacht habe.

Die Bundesversammlung ließ also jene Vorschläge des Börsenvereins unverwertet liegen, stimmte aber am 2. April 1835 jenem Beschlusse der Ministerkonferenzen zu, nach denen der thatsächlich schon durch die preußischen Litterarverträge fast ganz unterdrückte Nachdruck von Bundes wegen verboten werden sollte. Die Re-

---

1) Perthes' Leben, Bd. III, 6. Aufl., S. 487.
2) Druckschriften des Börsenvereins Nr. 5.

gierungen wurden am 2. April 1835 aufgefordert, binnen zwei Monaten anzuzeigen, was sie zur Ausführung des Verbots verfügt hätten oder zu verfügen gedächten. Preußen machte darauf aufmerksam, daß noch nicht feststände, auf welchen Zeitraum sich die Schutzfrist erstrecken solle, und schlug dafür 15 Jahre nach dem Tode des Verfassers vor. Die Bundesversammlung schloß sich diesem Vorschlage nicht an, sondern ihr Ausschuß beantragte einen Schutz von 10 Jahren nach Erscheinen. Für die Herausgeber von großen, mit bedeutendem Aufwande hergestellten Werken, sowie zur Belohnung von Nationalverdiensten sollte durch Bundesbeschluß ein längerer Schutz gewährt werden können. Das schien Preußen ungenügend und es ließ bis zum Frühjahre 1836 einen Gesetzentwurf ausarbeiten, in dem — über die preußischen Anträge am Bunde hinausgehend — die 30jährige Schutzfrist nach dem Tode zugestanden wurde. Auf Grund dieses Entwurfes, noch ehe er am 11. Juni 1837 Gesetz geworden war, brachte Preußen die Sache nochmals am Bunde zur Verhandlung. Die Bundesversammlung aber beharrte auf ihrem Standpunkte: der Bundesbeschluß vom 9. November 1837 gewährte den im Bundesgebiete erscheinenden litterarischen Erzeugnissen und Werken der Kunst einen Schutz von nur 10 Jahren vom Tage des Erscheinens ab, mit der erwähnten Vergünstigung für Nationalverdienst. Diese Vergünstigung wurde 1838 bis 1843 in Form von Bundesprivilegien den Erben und Verlegern von Schiller, Goethe, Jean Paul, Wieland und Herder zu teil. Der Beschluß vom 22. April 1841 dehnte den vom 9. November 1837 auf das Aufführungsrecht dramatischer Autoren und Komponisten aus; der Beschluß vom 19. Juni 1845 endlich erweiterte die preußische 30jährige Schutzfrist auf das ganze Bundesgebiet.

Das preußische Gesetz von 1837 und seine Nachfolger.

Das preußische Gesetz vom 11. Juni 1837 hat auch dadurch Bedeutung, daß es das erste war, welches statt vom gewerblichen Schutze des litterarischen Erzeugnisses vom Schutze des Autorrechts ausging. Ihm folgten fast gleichlautend das sachsen-weimarische Gesetz vom 11. Juni 1839, das braunschweigische vom 10. Februar 1842, sachlich nahestehend das bayerische vom 15. April 1840, das sächsische vom 22. Februar 1844, das österreichische vom 19. Oktober 1846.

Der (Koburger) Ausschuß des Börsenvereins von 1841.

Um diese Zeit hatte sich die Verlagsthätigkeit des deutschen Buchhandels beträchtlich gehoben, insbesondere das Streben, die älteren Schätze der Litteratur in neuen Ausgaben zu verbreiten.[1])

1) Vgl. Ed. Berger, Der Deutsche Buchhandel in seiner Entwickelung und in seinen Einrichtungen i. d. J. 1815 bis 1867. Archiv II, S. 125 bis 234.

„Dabei zeigte es sich recht" schreibt Frommann, „wie hemmend die noch bestehende Verschiedenheit und Unsicherheit des Rechts auf dem Felde der Litteratur sei. Namentlich wirkten so die im Königreiche Sachsen (auch Hannover) noch bestehenden ewigen Verlagsrechte, welche den Besitzern wegen des beschränkten Gebiets, wo sie galten, wenig Nutzen gewährten, alle sächsischen Buchhändler aber hinderten, ebenfalls ihre Verlagsthätigkeit den außerhalb Sachsens Gemeingut gewordenen Schätzen der älteren Litteratur zu widmen. Der Hauptnachteil traf Leipzig als Centralpunkt, weil der Verlag andrer deutscher Buchhändler, wo er mit dem ewigen Verlagsrecht kollidierte, auf ihren Kommissionslagern in Leipzig der Beschlagnahme ausgesetzt war. In der Hauptversammlung am 9. Mai 1841 beantragte daher der Vorstand eine Petition an die königl. sächs. Regierung, sie möge diese Übelstände gnädigst in Erwägung ziehen und teils durch eigene Gesetzgebung, teils durch ihre Verwendung bei andern deutschen Staaten und nach Befinden bei der hohen Deutschen Bundesversammlung auf deren Abstellung hinwirken."

„Der Antrag ward einstimmig angenommen, zugleich aber beschlossen, wie von 30 Berliner Buchhändlern beantragt war, in die zu verfassende Eingabe den Wunsch aufzunehmen, daß mit außerdeutschen Staaten Verträge über gegenseitigen Schutz der Verlagsrechte abgeschlossen würden. In den mit der abzufassenden Denkschrift beauftragten Ausschuß wurden gewählt: H. Brockhaus (Leipzig), H. Danckwerts (Göttingen), E. Enke (Erlangen), H. Erhard (Stuttgart), Th. Enslin (Berlin), Friedr. Fleischer (Leipzig), Fr. J. Frommann (Vorsteher und Referent, Jena), Dr. H. Härtel (Leipzig), F. Schwetschke (durch Krankheit an der Teilnahme gehindert), E. Vieweg (Braunschweig), Chr. Winter (Heidelberg)."

Dieser Ausschuß trat am 4. Oktober 1841 in Koburg zusammen, erledigte den vom Vorsteher vorgelegten Entwurf in vier Sitzungen und unterzeichnete am 5. die „Denkschrift über die litterarischen Rechtsverhältnisse in Deutschland".[1])

„Im Königreiche Sachsen hat die Denkschrift Erfolg gehabt, denn die gesetzliche Geltung des ewigen Verlagsrechts ist in dem Nachdruckgesetze vom 22. Februar 1844 beseitigt worden."

Der Ausschuß des Börsenvereins von 1855 bis 1857 und der Börsenvereinsentwurf.

Der Gesamtstand der Gesetzgebung war also recht buntscheckig und gab zu mancherlei Klagen Anlaß.[2]) Die sächsische Regierung

1) Druckschriften des Börsenvereins Nr. 6.

2) Der damalige Rechtszustand ist ausführlich dargelegt in den Denkschriften des Börsenvereins von 1854 (Nr. 8) über internationalen Rechtsschutz, S. 14 f.

forderte daher am 16. Februar 1855 den Börsenverein zu weiterer Auslassung und bestimmten Vorschlägen auf. Das war der Beginn eines der wichtigsten Abschnitte in der Thätigkeit des Börsenvereins auf diesem Gebiete.

„Der Vorstand des Börsenvereins (Dr. M. Veit, Wilh. Engelmann, Bernh. Perthes) war in seiner Sitzung vom 18. Juli 1855 der Ansicht, daß die von der sächsischen Regierung ergangene Aufforderung einen höchst willkommenen Anlaß darbiete, sich über die Verbesserung der das litterarische Eigentum betreffenden Gesetzgebung in umfassender Weise auszusprechen. In Erwägung, daß die vorhandenen Übelstände größtenteils aus dem Konflikte der Gesetzgebungen der deutschen Bundesstaaten, sowohl untereinander als mit den betreffenden Beschlüssen des Deutschen Bundes, hervorgehen, erschien dem Vorstande die Herbeiführung einer klaren, für das ganze Bundesgebiet gültigen Gesetzgebung als das notwendige Ziel seiner Bestrebungen. Dieser Gesichtspunkt sei bei der Beantwortung des vorliegenden Reskriptes vorzugsweise ins Auge zu fassen und auf diesem Wege solle die von dem Börsenverein zu verfassende Denkschrift eine weitere Fortführung seiner Arbeiten vom Jahre 1834 werden."[1])

„Dieser Erkenntnis" — sagt Oskar Wächter,[2]) — „folgte die sachgemäße und von rühmenswerter Energie getragene Inangriffnahme; ein Wirken, wie es wohl nicht leicht eine ähnliche Korporation aufzuweisen vermag, in dem planvollen Bemühen, autonomisch die Grundlegung eines völlig entsprechenden Rechtszustandes für den litterarischen und artistischen Verkehr, für die Rechte der Autoren und der Verleger allseitig befriedigend herzustellen. Der vollen Tragweite und Wichtigkeit seines Vorgehens bewußt, hat der Börsenverein, unbeirrt von allen Schwierigkeiten, mit Aufbieten der bedeutendsten Kräfte sein hohes Ziel verfolgt und, so viel an ihm lag, erreicht."

Der Vorstand faßte den Beschluß, mit sachverständigen Mitgliedern des Börsenvereins aus allen Teilen Deutschlands zu den Beratungen über die Vorlage in einen Ausschuß zusammenzutreten; zugleich aber, da eine gleichlautende Verfügung an die Deputierten des Buchhandels zu Leipzig ergangen war, diese aufzufordern, sich durch Abordnung einiger Mitglieder den Beratungen des Börsenvereins anzuschließen. Dieser Aufforderung entsprach die Leipziger Deputation durch Abordnung von Dr. H. Härtel und S. Hirzel.

---

1) Dies und einige folgende Abschnitte wörtlich aus der Einleitung zu dem „Entwurf eines Gesetzes für Deutschland u. s. w." (Druckschriften des Börsenvereins Nr. 10).

2) Dr. O. Wächter, Der 9. November 1867 und die Verlagsrechte (Abdr. a. d. Börsenbl.). Leipzig (o. J.). 8°.

Um eine Übersicht über das weitschichtige Material der bestehenden Gesetzgebung zu gewinnen, wurde Rechtsanwalt A. W. Volkmann in Leipzig beauftragt, die gesetzlichen Bestimmungen über das litterarische Eigentum aus den Bundesbeschlüssen, der deutschen Territorialgesetzgebung, sowie aus den französischen und englischen Gesetzen zusammenzustellen.[1])

Der Ausschuß trat am 18. November 1855 in Leipzig zusammen. Mitglieder waren: Heinrich Brockhaus (Leipzig), Wilhelm Engelmann (Leipzig), Friedrich Frommann (Jena), Dr. H. Härtel (Leipzig), S. Hirzel (Leipzig), Franz Lechner (Wien), Rudolph Oldenbourg (München), Bernhard Perthes (Gotha), Georg Reimer (Berlin), Dr. M. Veit (Berlin) und Eduard Vieweg (Braunschweig). Die Beratungen wurden vom 19. bis zum 25. November 1855 in neun Sitzungen unter dem Beistande des Rechtsanwaltes A. W. Volkmann, als Protokollführers, sowie des Börsen-Archivars Anton Winter, zu Ende geführt.

Der Vorsteher des Börsenvereins, Dr. M. Veit, der den Vorsitz führte, empfahl als Ziel der Verhandlungen einen Gesetzentwurf mit ausführlichen Motiven. Man dürfe sich nicht dadurch abhalten lassen, daß manches, was der Buchhandel gethan, zu den Akten gelegt worden sei. Alles dagegen, was man bis da von der Gesetzgebung, namentlich von dem Bundestage erhalten habe, sei durch die Anstrengungen des Buchhandels oder einzelner Buchhändler erreicht worden.

Der Ausschuß legte seinen Beratungen das österreichische Gesetz zu Grunde, das er fortlaufend mit dem preußischen und sächsischen verglich. Das Ergebnis der Beratungen waren „Vorschläge zu einem allgemeinen deutschen Bundesgesetze über das Urheber- und Verlagsrecht" (48 Paragraphen.) Diese Vorschläge sollte eine Kommission von drei Berliner Rechtsgelehrten zu einem förmlichen Gesetzentwurfe umarbeiten.

Dr. Veit gewann zu dieser Aufgabe Fachmänner ersten Ranges: Prof. Dr. Heydemann, Justizrat Hinschius und Kammergerichtsrat Dr. von Rönne. Die Herren verteilten unter sich den Stoff in drei Abschnitte und zogen, außer den „Vorschlägen" des Ausschusses, die gesamte Gesetzgebung und Lehrmeinung in den Kreis ihrer Erwägungen. Die Sonderberichte wurden gemeinsamen Beratungen zu Grunde gelegt, die unter Zuziehung des Dr. Veit in der Zeit vom 6. Dezember 1855 bis zum 26. Juni 1857 in einer großen Zahl von Zusammenkünften stattgefunden haben. Da es sich herausstellte, daß in Bezug auf den künstlerischen Rechtsschutz die Beschlüsse des Börsenvereinsausschusses keine ausreichende

---

1) Druckschriften des Börsenvereins Nr. 9.

Grundlage abgaben, so wurden im April 1857 noch als Sachverständige hinzugezogen: Fabrikbesitzer Geiß, Kupferstecher Prof. Lüderitz, Prof. Ed. Magnus, Kommerzienrat Sachse und Bildhauer Wilh. Wolff. Auf Grund der so zustande gekommenen Beschlüsse arbeiteten die drei Juristen ihren Entwurf nebst Motiven aus, der dann im Zusammenhange noch einer Schlußberatung unterlag. Der Entwurf [1]) ist als Manuskript gedruckt worden; er umfaßt 172 Folioseiten und ist das Muster einer gründlichen Arbeit, bei der die Rechte von Autoren und Verlegern sorgsam erwogen worden sind.

Der Aufforderung zur Kritik des Entwurfes entsprachen von Juristen: Dr. A. W. Volkmann in Leipzig, Dr. Th. Eisenlohr in Stuttgart (in sehr temperamentvoll abgefaßten „Kritischen Briefen"),[2]) J. Jolly und Dr. O. Wächter. Auch die Versammlung deutscher Künstler zu Stuttgart (September 1857) hatte den bezüglichen Abschnitt des Entwurfes beraten und im wesentlichen gebilligt; außerdem lagen noch schriftliche Änderungsvorschläge von Buchhändlern vor.

Der (in der Zusammensetzung etwas veränderte) Ausschuß hielt vom 15. bis 21. Oktober 1857 in Leipzig seine Schlußberatung ab. Es nahmen daran teil: Dr. Veit als Vorsitzender, Dr. Eduard Brockhaus, H. Erhard (Stuttgart), W. Engelmann, Friedr. Frommann, Dr. Härtel, S. Hirzel, Franz Lechner, Th. Liesching (Stuttgart), R. Oldenbourg, Georg Reimer, E. Vieweg. Als Mitarbeiter am Entwurf war anwesend Justizrat Hinschius; als Kommissarien der sächsischen Regierung Geheimrat A. Weinlig und Regierungsrat von Witzleben (in der Sitzung vom 19. Oktober auch Kreisdirektor von Burgdorf); als Archivar des Börsenvereins A. Winter. Das Protokoll führte Rechtsanwalt A. W. Volkmann.

Die in dieser Schlußberatung gefaßten Beschlüsse wurden von einem Redaktionsausschuß bearbeitet, der aus Justizrat Hinschius, Dr. Veit und G. Reimer, alle in Berlin, bestand.

In dieser letzten Fassung[3]) ist der Entwurf unter dem Namen „**Börsenvereinsentwurf**" bekannt geworden und hat anerkannter- und verdientermaßen der jetzt noch geltenden deutschen Gesetzgebung als Hauptgrundlage gedient.[4])

---

1) Druckschriften des Börsenvereins Nr. 10.
2) Bei den Akten.
3) Druckschriften des Börsenvereins Nr. 11; auch ins Französische übersetzt.
4) S. u. a.: Motive zum Gesetzentwurf f. d. Nordd. Bund, 1870, Einleitung; Gutachten der Leipziger Handelskammer v. (Dez.?) 1869, mitg. im Börsenbl. 1869, Nr. 302; A. Schürmann, Der Norddeutsche Gesetzentwurf I, im Börsenbl. 1869, Nr. 2; O. Wächter, Der 9. Nov. 1867, S. 6 u. a. m.

Bundesbeschluß vom 6. November 1856.

Der Börsenvereinsausschuß von 1855 bis 1857 hat noch in anderer Weise sehr folgenreich in den Gang der Dinge eingegriffen. In Österreich drohte die Schutzfrist für die vor 1837 erschienenen Werke am 19. Oktober 1856 abzulaufen, infolge des österreichischen Gesetzes von 1846. In anderen Staaten waren die Endzeiten des Schutzes verschieden. Der Ausschuß beschloß daher (in der Sitzung vom 20. November 1855 auf Antrag von R. Oldenbourg), diesen besonders dringlichen Gegenstand vorweg zu bearbeiten. An die königlich sächsische Staatsregierung sei das Gesuch zu richten, bei der Deutschen Bundesversammlung dahin zu wirken, daß für die Werke derjenigen Autoren, die bei Publikation des Bundesbeschlusses vom 9. November 1837 bereits verstorben und deren Werke damals schon erschienen waren, ein gleichzeitiger Ablauf der Schutzfrist von Bundes wegen festgesetzt, und daß diese Schutzfrist nicht länger als auf 10 Jahre vom Tage des zu erlassenden Bundesbeschlusses bemessen werden möge. Der Vorsteher des Börsenvereins, Dr. M. Veit, und der Vorsitzende der Deputierten des Buchhandels zu Leipzig, Stadtrat Fleischer, überreichten die Denkschrift am 24. Januar 1856 dem sächsischen Minister des Innern.

Diesem Gesuche der Buchhändler entsprach der wichtige Bundesbeschluß vom 6. November 1856. Er erweiterte den Schutz für Werke der vor dem Bundesbeschluß vom 9. November 1837 verstorbenen Autoren auf 30 Jahre von diesem Tage ab, also bis zum 9. November 1867. Zu diesem Zeitpunkte sind bekanntlich die Werke der deutschen Klassiker Gemeingut geworden, ein für das deutsche Volk und den Buchhandel hochwichtiges, obwohl in seiner buchhändlerischen Bedeutung gewöhnlich etwas überschätztes[1]) Ereignis.

Entwurf der Bundeskommission, 1863 bis 1864.

Durch die Thatkraft des Börsenvereins war nunmehr so viel erreicht, daß der Wunsch eines allgemeinen deutschen Litterargesetzes allerwärts dringender wurde.

Der Börsenvereinsentwurf war der sächsischen Regierung noch im Jahre 1857 mit der Bitte übergeben worden, nunmehr entsprechende Anträge auf eine durchgreifende Änderung und Vervollständigung der Nachdruckgesetzgebung beim Bundestage zu stellen. Die sächsische Regierung nahm mit anderen Regierungen Fühlung und entsprach daher erst am 23. Januar 1862 dem Wunsche des Börsenvereins; sie beantragte bei der Bundesversammlung: eine Regelung der Nachdruckfrage durch ein allgemeines Gesetz

---

1) Vgl. Schürmann, Rechtsverhältnisse, S. 281 ff. — Eine Übersicht des durch den Bundesbeschluß herbeigeführten Rechtszustandes giebt Wächter in der Schrift „Der 9. November 1867“, 2. Abschnitt.

einzuleiten, zu diesem Behufe eine Kommission aus von den einzelnen Bundesstaaten abzuordnenden Sachverständigen zu bilden, und der Beratung durch diese Kommission den Börsenvereinsgesetzentwurf zu Grunde legen zu lassen.

Der Antrag wurde vom Bundestage am 16. Oktober 1862 angenommen, aber unter dem entschiedenen Widerspruche der preußischen Regierung. Bei dieser war eine bereits am 20. Oktober 1860 eingereichte Vorstellung des Börsenvereinsvorstandes wirkungslos geblieben. Preußen widerstrebte der Sache durchaus nicht; es mochte nur dem morschen deutschen Bundestage überhaupt nichts Gutes mehr gönnen, also auch nicht das Verdienst um das ersehnte Litterargesetz. Um so mehr hatte damals, vor dem Frankfurter Fürstentage, Österreich das Bedürfnis der Volksbeliebtheit. Österreich hatte schon im März 1862 der Bundesversammlung einen Entwurf vorgelegt, der sich sachlich im wesentlichen dem Börsenvereinsentwurfe anschloß. Der Bundestag setzte nun auf den sächsischen Antrag hin am 16. Juli 1863 eine Kommission ein, zu der aber nur acht Staaten (Österreich, Bayern, Sachsen, Hannover, Württemberg, Baden [Dr. Jolly], Hessen-Darmstadt und die Freie Stadt Frankfurt a. M.) Kommissare entsendet hatten. Den Vorsitz führte der österreichische Hof- und Ministerialrat Dr. Vesque von Püttlingen.

„Diese Bundeskommission, zusammengetreten in Frankfurt, brachte in 16 Sitzungen (27. Oktober bis 24. November 1863) einen neuen Entwurf in 54 Artikeln zustande; in acht weiteren 12 Sitzungen (28. November bis 8. Dezember 1863) unterwarf sie ihn einer zweiten und, nach viermonatiger Vertagung, in Sitzungen (25. April bis 9. Mai 1864) einer dritten und letzten Lesung (in 56 Paragraphen).[1]) Am 19. Mai 1864 legte sie ihre Arbeit der Bundesversammlung vor, unter Beigabe der die Motivierung vertretenden Protokolle und eines die leitenden Gesichtspunkte (namentlich die Abweichungen von der österreichischen Vorlage) hervorhebenden Berichtes.“[2])

Der (Nürnberger) Ausschuß des Börsenvereins, 1864.

Die sächsische Regierung, deren Kommissar den Börsenvereinsentwurf — vielfach vergeblich — in der Bundestagskommission

---

1) Der aus der ersten Lesung hervorgegangene Entwurf ist in den gedruckten Protokollen der Kommission enthalten auf S. 125 ff.; der Entwurf, wie er sich in der zweiten Lesung gestaltete, auf S. 195 ff.; der schließliche Entwurf auf 285 ff. Dieser letzte Entwurf (Bundes-Kommissionsentwurf) ist mitgeteilt im Börsenblatt 1865, Nr. 40.

2) Dieser Absatz, sowie die nächsten in Anführungszeichen stehenden, sind mit geringen Änderungen entnommen der mehrfach erwähnten Schrift von Wächter, Der 9. November 1867.

verteidigt hatte,[1]) unterbreitete den Bundesentwurf in dankenswerter Weise sofort dem Börsenvereine. Dieser ernannte zur Begutachtung wieder einen Ausschuß, der am 10. und 11. August 1864 im Bayerischen Hofe zu Nürnberg tagte. Der Ausschuß bestand aus: Dr. Heinrich Brockhaus und Dr. Eduard Brockhaus (Leipzig), H. Erhard (Stuttgart), C. Fr. Fleischer (Leipzig), R. Lechner (Wien), Th. Liesching (Stuttgart), G. Marcus (Bonn), R. Oldenbourg (München), Andr. Perthes (Gotha); ferner nahmen wieder teil Justizrat Dr. Hinschius und Appellationsgerichts-Vicepräsident von Rönne. Das Protokoll führte der Börsenarchivar A. W. Volkmann. Der um die Sache hochverdiente Dr. M. Veit war inzwischen gestorben.

„Das Protokoll dieser Konferenz besagt, daß zunächst Dr. Hinschius in kurzen, scharfen Umrissen die Unterschiede des vom Börsenverein vorgelegten Entwurfes von dem des Bundestages kennzeichnete, indem er dem ersteren entschieden den Vorzug vor dem letzteren zusprach. Demgemäß nahm die Beratung den Börsenvereinsentwurf (von 1857) zur Unterlage, und hielt die darin ausgesprochenen Grundsätze thunlichst fest, wobei denn auch die Motivierung der ersten Redaktion des Börsenvereinsentwurfs von 1855 wiederum angezogen wurde. Gleichzeitig würdigte die Konferenz die dem Börsenverein übergebenen Anträge des ersten deutschen Journalistentages (vom 22. Mai 1864, Börsenbl. 1864, Nr. 70). Bezüglich des formellen Ganges der anzustrebenden Gesetzgebung wies Dr. Heinrich Brockhaus auf die Notwendigkeit hin, daß Preußen sich der Prinzipien des Börsenvereinsentwurfes annehme. Der Börsenarchivar Adv. Volkmann wurde beauftragt, die Ergebnisse der Beratungen in einem Berichte zu redigieren, um denselben, nachdem durch Dr. Hinschius in Berlin die Fassung nochmals revidiert worden, dem Druck zu übergeben."

Der Vorstand des Börsenvereins überreichte am 30. September 1864 diesen Bericht seines Ausschusses[2]) der sächsischen Regierung mit der erneuten Bitte, auf Erlaß eines allgemeinen deutschen Gesetzes hinzuwirken, zu dessen Beratung aber die Zuziehung Sachverständiger zu veranlassen, wie dies seinerzeit bei Beratung des Allgemeinen deutschen Handelsgesetzbuches geschehen sei.

„Die Bundesversammlung hatte unterdessen den Entwurf der Bundeskommission den Einzelregierungen empfehlend mitgeteilt, worauf noch Erklärungen von fünfzehn Regierungen einliefen. Unter diesen Erklärungen tritt namentlich die der königlich sächsischen Regierung durch ihr Festhalten an den Anträgen des Börsenvereins-

---

1) Schreiben des Vorstandes des Börsenvereins an das sächsische Ministerium, 30. Sept. 1864.
2) Druckschriften des Börsenvereins Nr. 12.

entwurfes und des Börsenvereinsausschusses in anerkennenswerter Weise hervor. Insbesondere besteht sie auf der »allgemeinen Annahme des in Sachsen und Preußen praktisch vollständig bewährten Systems der ständigen Sachverständigenvereine«, ferner auf »Errichtung einer allgemeinen deutschen Eintragsrolle« und »Berücksichtigung der Verhältnisse des sogenannten geteilten Eigentums im Musikalienhandel« [1])."

Preußen verharrte selbstverständlich in seiner ablehnenden Haltung. Bayern dagegen „hatte auf dem Wege der Landesgesetzgebung den Entwurf der Bundeskommission unter dem 28. Juni 1865 mit einigen Modifikationen zum Gesetz erhoben. Die Veranlassung lag für Bayern in der durch die Litterarkonvention mit Frankreich nötig gewordenen Revision des Gesetzes von 1840."

Dann traten die Ereignisse des Jahres 1866 ein.

Der preußische Entwurf für den Norddeutschen Bund, 1868.

Der Norddeutsche Bund hatte im § 4 seiner Verfassung die Regelung des Urheberrechts vorgesehen. Daraufhin beriet der Vorstand des Börsenvereins bereits am 23. Oktober 1867 die nun ratsamen Schritte zur Herbeiführung eines gemeinsamen Rechtszustandes. Man beschloß eine Eingabe an das Bundespräsidium, beauftragte aber den Vorsteher Julius Springer zusammen mit Georg Reimer und Ad. Enslin, alle in Berlin, mit den maßgebenden Mitgliedern der Bundesbehörden vorher Fühlung zu nehmen. Aus Ursachen, die in den Akten nicht erkennbar sind, verging darüber der Winter. Springer besprach sich Ende März oder Anfang April 1868 mit dem Vertreter der sächsischen Regierung in Berlin, Geheimrat Dr. Weinlig, der bereits an dem Börsenvereinsentwurfe mitgewirkt hatte und dessen „lebhaftes und fruchtbringendes Interesse für die Angelegenheiten des Buchhandels" bekannt war. Geheimrat Dr. Weinlig sagte jede Unterstützung zu; er konnte das um so mehr, als er bereits am 13. März im Namen der sächsischen Regierung im Bundesrat einen entsprechenden Antrag gestellt hatte, was er wohl damals Springer noch nicht sagen durfte. Die nach der Unterredung von Springer entworfene und am 7. April im Vorstande in Umlauf gesetzte Eingabe ging unterm 20. April an das Bundeskanzleramt ab. Dessen am 27. Juni erlassene Antwort übertraf die weitgehendsten Erwartungen; sie teilte den Beschluß mit, den der Bundesrat am 10. Juni infolge jenes sächsischen Antrages gefaßt hatte. Der Beschluß lautete:

Auf den Vorschlag des Referenten wurde beschlossen, in Erwägung, daß von Seiten der königlich preußischen Regierung bereits die Bearbeitung eines Entwurfes zu einem Bundesgesetze über den Schutz des Urheberrechts an

---

1) Börsenblatt 1866, Nr. 25.

litterarischen Erzeugnissen und Werken der Kunst, auf Grundlage der in dem königlich sächsischen Antrage bezeichneten Vorarbeiten und unter Berücksichtigung der über dieselben inzwischen erschienenen Beurteilungen eingeleitet, und diese Arbeit dem Vernehmen nach bereits erheblich vorgeschritten ist, den Bundeskanzler zu ersuchen, dahin zu wirken, daß 1) die Ausarbeitung dieses Entwurfes sobald als thunlich vollendet; 2) der Entwurf sodann dem Bundeskanzleramt übergeben und den Bundesregierungen mitgeteilt; 3) die Ausschüsse für Handel und Verkehr und für Justizwesen beauftragt werden, den ihnen zu dem Zwecke von dem Bundeskanzler mitzuteilenden Entwurf unter Zuziehung von Sachverständigen aus den beteiligten Kreisen zu beraten und über das Ergebnis in der nächsten Session des Bundesrats, unter gleichzeitiger Berücksichtigung der eingegangenen Petitionen, zu berichten.

Der Ausschuß des Börsenvereins von 1869.

Am 12. Dezember 1868 teilte das Bundeskanzleramt dem Börsenverein den inzwischen vollendeten, von dem Professor Kühns ausgearbeiteten[1]) Entwurf der preußischen Regierung[2]) mit und forderte auf, geeignete Sachverständige zur Teilnahme an den bevorstehenden Beratungen des Gesetzes zu bezeichnen. In dem dieses Schreiben mitteilenden Umlauf im Vorstande stellte der Vorsteher Springer ganz im Sinne der bisherigen Bestrebungen des Börsenvereins den Gesichtspunkt auf: der den deutschen Buchhandel vertretende Börsenverein habe seinen Standpunkt so zu nehmen, „daß die Bestimmungen des Gesetzes die litterarischen Produktionen des ganzen deutschen Buchhandels als ein Ganzes decken, und daß wir nicht Gefahr laufen, in dem Schutz der einen deutschen Litteratur gar ein «bis zum Main» und «jenseits des Mains» einbrechen zu sehen.“ — Der Vorstand nahm Springers Vorschlag an, zunächst sich innerhalb des Börsenvereins zu verständigen durch einen Ausschuß, dem außer norddeutschen auch süddeutsche Mitglieder anzugehören hätten, um dereinst die Ausdehnung des Gesetzes auf Süddeutschland zu erleichtern, (Derselbe Gedanke hatte bereits in der Eingabe an das Bundespräsidium vom April 1868 Ausdruck gefunden.) Außer dem Ausschusse wurden eine Anzahl anderer Mitglieder des Börsenvereins zu schriftlichen Äußerungen aufgefordert.[3])

Der Ausschuß des Börsenvereins trat, mit möglichster Beschleunigung, am 11. Januar 1869 in Leipzig zusammen. Er bestand aus dem Vorstande des Börsenvereins: Jul. Springer (Berlin), E. F. Thienemann (Gotha), Franz Wagner (Leipzig),

---

1) Klostermann, Urheberrecht, S. 15.

2) Entwurf eines Gesetzes für den Norddeutschen Bund, betreffend das Urheberrecht an Werken der Litteratur und der Kunst, an geographischen, naturwissenschaftlichen, architektonischen und ähnlichen Abbildungen, sowie an photographischen Aufnahmen nach der Natur.

3) Es gingen ziemlich viele Vorschläge ein; gedruckt erschienen Äußerungen von H. Böhlau („Randbemerkungen“ u. s. w.), A. Schürmann (im Börsenbl. 1869, Nr. 2, 4, 8, 13, 50) und B. Frhr. v. Tauchnitz („Zum Entwurfe“ u. s. w.).

Karl Vörster (Leipzig), A. Enslin (Berlin); aus den eingeladenen Mitgliedern: Dr. Heinr. Brockhaus, R. Härtel, Dr. S. Hirzel (Leipzig); E. Bock, H. Kaiser, G. Reimer (Berlin); J. Buddeus (Düsseldorf), J. Rütten (Frankfurt a. M.), F. Frommann (Jena), R. Oldenbourg (München), Th. Liesching (Stuttgart). — Fr. Gerold und C. Spina aus Wien hatten ihr Fernbleiben entschuldigt. — Als rechtskundige Berater waren wieder da Justizrat Dr. Hinschius (Berlin) und Rechtsanwalt Volkmann (Leipzig); das Protokoll führte der Rechtsanwalt Dr. Georgi (der jetzige Oberbürgermeister von Leipzig). Die Beratungen dauerten fünf Tage, bis zum 15. Januar.[1]) Die Überhastung, mit der der Ausschuß zusammentreten mußte, mag Ursache gewesen sein zu der bedauerlichen Preisgebung des Grundsatzes vom Recht des Verlegers als Bestellers (vgl. Abschn. III, A).

Der Entwurf des Norddeutschen Bundes, 1869.

Die Beratungen der vereinigten Bundesausschüsse für Handel und Verkehr und für Justizwesen mit den zugezogenen Sachverständigen fanden vom 9. bis 13. Februar in Berlin statt. Die auf Vorschlag des Börsenvereins eingeladenen buchhändlerischen Sachverständigen waren: E. Bock, A. Enslin, Dr. H. Härtel, Dr. S. Hirzel, H. Kaiser, Jul. Springer.[2]) — Die Bundesausschüsse erstatteten dem Bundesrate am 29. September 1869 ihren Bericht, und am 14. Februar 1870 legte der Bundeskanzler den Entwurf der verbündeten Regierungen dem Reichstage vor.

Dieser neue, von dem Geheimen Postrat Dr. Dambach verfaßte und schon im Dezember 1869 veröffentlichte Entwurf[3]) wich von dem ersten erheblich ab. Unter anderem war für die Führung der Eintragsrolle (§ 79 des ersten, § 40 des zweiten Entwurfes, § 39 des Gesetzes) Berlin statt Leipzig vorgeschlagen. Dagegen sprachen sich Buchhändler und auch die Leipziger Handelskammer[4]) (Dezember 1869) sehr entschieden aus.

Verhandlungen im Norddeutschen Reichstage, 1870.

Die erste Beratung im Reichstage am 21. Februar 1870 ist wichtig geworden durch die Rede des Abgeordneten Dr. Braun (Wiesbaden) und die Gefahr, in die dadurch das ganze Gesetz kam.

1) Protokoll s. Druckschriften des Börsenvereins Nr. 14.

2) Die Namen der schriftstellerischen, künstlerischen u. s. w. Sachverständigen s. im Börsenbl. 1869, Nr. 39.

3) Gesetz, betreffend das Urheberrecht an Schriftwerken, Abbildungen, musikalischen Kompositionen, dramatischen Werken und Werken der bildenden Künste. — Über die Unterschiede beider Entwürfe schrieb Advokat Dr. Georgi im Börsenblatt 1870, Nr. 6, 8, 12.

4) Börsenblatt 1869, Nr. 302.

Braun verglich das Autorrecht mit einem Monopol; er bestritt das Recht des Autors auf Schutz und wollte nur aus Nützlichkeitsgründen eine möglichst kurze Schutzfrist zulassen. Dem seiner Ansicht nach ganz verzopften Buchhandel, in dem unzählige Sortimentshandlungen die Bücher für einen sonst nur im Wein- und Cigarrenhandel vorkommenden Aufschlag verbreiteten, hielt er den französischen und englischen Buchhandel als Muster vor. Leider erzielte Braun, der in betreff der Frage des sogenannten geistigen Eigentums „durch längere Studien wenigstens einigermaßen informiert“ zu sein glaubte, im Reichstage Eindruck.[1]) Dagegen riefen seine Äußerungen unter allen Sachverständigen einen Sturm eifriger Entgegnungen hervor. Dr. Dambach sagte in einem Vortrage:[2]) „Der Eindruck dieser Rede war — ich möchte sagen — ein apoplektischer! Man faßte sich an die Stirn und fragte sich, ob man sich denn wirklich vollständig geirrt habe, ob die deutsche Gesetzgebung in dieser Materie wirklich seit 30 Jahren auf einem völlig falschen Standpunkt gestanden habe, und ob Männer wie Jolly, Wächter, Heydemann, Mandry, Klostermann u. a., die am Himmel des litterarischen Rechtes als Sterne erster Größe glänzen, vollständig auf Irrwegen gewesen seien.“

Zwischen der ersten und der am 25. März begonnenen zweiten Lesung hatte sich eine freiwillige Kommission des Reichstages des Entwurfes angenommen, doch nicht zu dessen Vorteil.[3]) Die schlimmste Änderung beantragten die Abgeordneten Franz Duncker und Dr. Baehr; sie wollten nur eine zehnjährige Schutzfrist nach dem Tode des Verfassers. Betrage die hierdurch erwachsende Frist nicht 40 Jahre seit Erscheinen des Werkes, so verlängere sie sich bis zu dieser Zeitdauer, jedoch nicht über 30 Jahre nach dem Tode. Diesen Duncker-Baehrschen Antrag begünstigte die damals ausschlaggebende nationalliberale Fraktion, und sogar die Regierung machte Miene, zuzustimmen.[4]) Da in Süddeutschland und Österreich die 30jährige Schutzfrist Gesetz war, so brachte jener Antrag die große (von Springer seiner Zeit erwähnte) Gefahr, die eine deutsche Litteratur unter verschiedene Gesetze zu stellen. In Norddeutschland wäre zum Gemeingut ge-

---

1) Ein Bericht eines Augenzeugen (Springers?) über die Reichstagssitzung vom 24. März 1870, 2. Lesung, im Börsenblatt 1870, Nr. 70 sagt: „Während der Verhandlungen herrschte im Reichstage selbst wenig Aufmerksamkeit; offenbar nimmt der nur wenigen interessante Gegenstand auch nur die Teilnahme weniger in Anspruch, und offenbar verstehen denselben überhaupt nur diese wenigen.“

2) Abgedr. im Börsenbl. 1870, Nr. 138 u. 140.

3) Vgl. von Witzleben, Das Bundesnachdruckgesetz vor dem Reichstage. Börsenbl. 1870, Nr. 65, 67, 71.

4) Börsenbl. 1870, Nr. 67, nach d. Berl. Börsenztg.

worden, was in Süddeutschland und Österreich noch geschützt war, ein ganz unerträglicher Zustand.

Diese Gefahr wurde vornehmlich abgewendet durch den Einfluß der Presse und das entschiedene Eintreten der angesehensten deutschen Schriftsteller (Auerbach, Freiligrath, Freytag, H. Grimm, Hackländer, Heyse, Lübcke, Mommsen, Riehl, Scheffel, Julian Schmidt, Fr. Vischer und viele andere in zwei Erklärungen) für den Entwurf als Ganzes.[1]) Auch die Universitäten von Leipzig[2]) und Kiel äußerten sich im gleichen Sinne.

Der Buchhandel hat in diesen kritischen Märzwochen keinen besonderen Schritt gethan; es blieb bei einer Reihe von Artikeln im Börsenblatt. Dambach sagte dazu in dem oben angeführten Vortrage: „Indessen trat der Buchhandel doch mit einer gewissen Zaghaftigkeit auf; er erklärte sich im wesentlichen immer nur für die Principien des Entwurfes in Bezug auf die Schutzfristen, denn dies war für ihn das zunächst Wichtigste. Daneben bekannte er aber schüchtern, daß der Entwurf auch Mängel enthalte, und daß demselben nicht in jeder Beziehung beigetreten werden könnte.“ Aus den Akten ist nicht ersichtlich, warum der Börsenverein es unterlassen hat, eine nachdrückliche Erklärung zu erlassen, gleich den Schriftstellern; eine solche hätte um so näher gelegen, als die weitaus meisten Buchhändler den in dem Duncker-Baehrschen Vorschlage eingenommenen Standpunkt ihres Berufsgenossen, des Abgeordneten Duncker, nicht geteilt haben.[3])

Die offenkundige Unmöglichkeit, für die deutsche Litteratur zweierlei Schutzfristen zu schaffen, sah die Mehrheit des Reichstages schließlich ein; am 26. März nahm der Reichstag die grundsätzlich wichtigsten und bestrittensten §§ 1, 3 und 8 der Vorlage an und damit die ungeschmälerte 30jährige Schutzfrist nach dem Tode des Verfassers. Die anderen Paragraphen wurden an eine Kommission von 14 Mitgliedern verwiesen. Diese erledigte ihre Aufgabe vom 28. März bis 8. April in 12 Sitzungen, denen die Bundeskommissarien Ministerialdirektor von Philippsborn und Geheimer Postrat Dr. Dambach beiwohnten. Der Reichstag setzte die zweite Lesung am 10., 12., 13., 14. Mai fort, begann die dritte Lesung am 19. und nahm am 20. Mai das „Gesetz über das Urheberrecht an Schriftwerken, Abbildungen, musikalischen Kompositionen und dramatischen Werken“ endgültig an. Die auf Werke der bildenden Künste bezüglichen Abschnitte und den besonderen Gesetzentwurf über Photographien stellte der Reichstag zurück (siehe unten). Als Redner waren in

---

1) Börsenbl. 1870, Nr. 52 u. 71.
2) Erklärung, abgedr. im Börsenbl. 1870, Nr. 71.
3) Dunckers Verteidigung seines Verhaltens s. i. Börsenblatt 1870, Nr. 79.

diesen Reichstagsverhandlungen aufgetreten die Abgeordneten Dr. Baehr, Dr. Becker, v. Bernuth, Dr. Blum, Dr. Braun, Bürgers, Duncker, Dr. Endemann, Dr. Ewald, Genast, von Hennig, von Hoverbeck, Graf v. Kanitz, Dr. Köster, Lasker, Dr. Meyer (Thorn), Dr. Müller (Görlitz), Niendorf, Dr. Oppenhoff, von Patow, von Rochau, Dr. Schweitzer, Dr. Stephani, Dr. Wehrenpfennig (Berichterstatter der Kommission), von Zehmen.

Widerspruch Sachsens, Mai 1870.

Dem im Reichstage angenommenen Gesetze entstand plötzlich eine neue Gefahr und von einer Seite, von der man sie am wenigsten erwartet hätte: von der sächsischen Regierung. Der Reichstag hatte in zweiter und dritter Lesung auf Antrag Dr. Endemanns einen im Entwurfe fehlenden Paragraphen dem Gesetze eingeschoben, den inzwischen durch das Gerichtsverfassungsgesetz vom 27. Juni 1877 aufgehobenen § 32. Danach wurde die Zuständigkeit des Bundes-Oberhandelsgerichts in Leipzig auf die nach dem neuen Gesetze zu entscheidenden Rechtsstreitigkeiten ausgedehnt. Eine solche Erweiterung der Zuständigkeit dieses Gerichts auf Kosten der Selbständigkeit der Einzelstaaten wünschte damals die sächsische Regierung nicht, und ihr schlossen sich mehrere andere Regierungen an.[1]) Gewannen diese zusammen mehr als ein Drittel der Stimmen im Bundesrate, so wäre das Gesetz gefallen, weil zu dem eine Verfassungsänderung bedeutenden § 32 eine Zweidrittelmehrheit nötig war.

Von dieser Sachlage unterrichtete ein vertrauliches Schreiben vom 21. Mai den zufällig in Dresden weilenden Vorsteher des Börsenvereins, Jul. Springer; es wurde dringend gewünscht, daß der Börsenvereinsvorstand im Interesse des deutschen und sächsischen Buchhandels der sächsischen Regierung Vorstellungen mache. Glücklicherweise war auch der stets hilfsbereite Geheimrat Dr. Weinlig gerade in Dresden und gab Springer in Abwesenheit des Justizministers die nötigen Aufschlüsse. Am 23. schickte Springer von Berlin aus auf eigene Faust, jedoch im Namen des Börsenvereins, eine schriftliche Vorstellung nach Dresden ab. Sehr wahrscheinlich ist es, daß diese Schritte ausschlaggebend gewesen sind. Sachsen setzte „wegen der Zweckmäßigkeit der Sache und mit Rücksicht auf die in Sachsen bereits bestehenden Verhältnisse“ seine — grundsätzlich zwar aufrecht gehaltenen — Bedenken beiseite; dasselbe erklärten einige andere Staaten.[2]) Das Gesetz wurde im Bundesrate am 25. Mai gegen die Stimmen beider Mecklenburg und Hamburgs angenommen und mit dem Datum vom 11. Juni[3]) 1870 veröffentlicht.

---

1) Börsenblatt 1870, Nr. 120.
2) Börsenbl. 1870, Nr. 125 und 132.
3) Das gleiche Monatdatum mit dem preußischen Gesetze vom 11. Juni 1837.

Das norddeutsche Gesetz wird Reichsgesetz, 1871—1873.

Auch der süddeutsche Buchhandel begrüßte die neue Errungenschaft mit großer Freude; der Süddeutsche Buchhändlerverein beschloß in seiner Hauptversammlung am 20. Juni 1870 in Stuttgart, nach einer vortrefflichen Rede E. Rohmers aus Nördlingen, die süddeutschen Regierungen um schleunige und womöglich unveränderte Annahme des norddeutschen Gesetzes zu bitten.[1])

Die Gründung des Deutschen Reiches erfüllte diese Wünsche ungeahnt rasch. Das Gesetz trat am 1. Januar 1871 noch als norddeutsches Bundesgesetz in Kraft; es wurde aber durch die Reichsverfassung vom 16. April 1871 (Art. 20, Nr. 25) auch in die süddeutschen Staaten, rückwirkend vom 1. Januar 1871 ab, als Reichsgesetz eingeführt, mit vorläufiger Ausnahme Bayerns. In Bayern erfolgte die Einführung durch das Reichsgesetz vom 22. April 1871 vom 1. Januar 1872 ab, und in Elsaß-Lothringen durch das Reichsgesetz vom 27. Januar 1873.

Die Gesetze von 1876.

So war die lang ersehnte Einheit der deutschen Gesetzgebung in Bezug auf Schriftwerke, Abbildungen, musikalische Kompositionen und dramatische Werke endlich zustande gekommen. In Bezug auf Werke der bildenden Künste und auf Photographien war sie noch zu vollenden.

Beide Materien hatte der preußische Gesetzentwurf von 1868 umfaßt; der Reichstagsentwurf von 1869 trennte aber die Bestimmungen über den Schutz von Photographien zu einem besonderen Entwurfe ab. Der Reichstag strich jedoch (13. und 14. Mai) alle auf diese Gegenstände bezüglichen Bestimmungen, ersuchte dagegen die Reichsregierung, dem nächsten Reichstage ein neues Gesetz vorzulegen, in dem auch die berechtigten Interessen der Kunstindustrie Berücksichtigung finden sollten. Der Regierungskommissar behielt der Reichsregierung durch ausdrückliche Erklärung (19. Mai) freie Hand vor; indessen folgte sie im wesentlichen der Anregung und legte am 1. Oktober 1875 dem Reichstage drei Entwürfe vor, als Glieder eines zusammenhängenden Rechtssystemes zum Schutze der Künste und der Kunstgewerbe.

An dem Zustandekommen dieser Gesetze ist der Börsenverein nicht beteiligt gewesen; in der Reichstagskommission wirkte jedoch der Abgeordnete Dr. Eduard Brockhaus aus Leipzig mit.

Die vorausgegangenen Beratungen mit Sachverständigen fanden im Mai 1875 statt, die Beratung im Reichstage im November und Dezember 1875. Die Gesetze wurden publiziert als: 1) Gesetz,

---

1) Börsenblatt 1870, Nr. 146 und 168.

betreffend das Urheberrecht an Werken der bildenden Künste vom 9. Januar 1876; 2) Gesetz, betreffend den Schutz der Photographien gegen unbefugte Nachbildung vom 10. Januar 1876; 3) Gesetz, betreffend das Urheberrecht an Mustern und Modellen vom 11. Januar 1876.

An verwandten Gesetzen wurden vorher und nachher noch erlassen das Gesetz vom 30. November 1874 betreffend den Markenschutz und das Gesetz vom 25. Mai 1877, betreffend Patente.

Während so die innere deutsche Gesetzgebung ihren vorläufigen Abschluß fand, war immer dringender das Bedürfnis gefühlt worden, auch zum Auslande in sichere Rechtszustände zu kommen. An den Bemühungen darum, denen sich nun mehr als früher auch die Schriftsteller und Künstler unterzogen, hat sich der Börsenverein der deutschen Buchhändler unausgesetzt beteiligt.

Die Heidelberger Verhandlungen, 1871.

Am 24. Februar 1871 hatte der Vorstand des Börsenvereins an das Reichskanzleramt die Bitte gerichtet, die bisher abgeschlossenen Litterarverträge, insbesondere die mit Frankreich und Großbritannien, einheitlicher zu gestalten. Das Reichskanzleramt forderte darauf am 23. März 1871 den Börsenverein auf, die Mängel der zum Schutze des Urheberrechts bestehenden internationalen Verträge darzulegen. Der Börsenverein berief zu diesem Zwecke einen Ausschuß, der vom 4. bis 6. September 1871 in Heidelberg tagte und aus folgenden Mitgliedern bestand: Julius Springer (Berlin), Vorsteher; Theodor Einhorn (Leipzig), Adolph Enslin (Berlin), Gust. Marcus (Bonn), Jos. Rütten (Frankfurt a. M.), Mitglieder des Vorstandes; Otto Bassermann (Heidelberg), Adolf Bonz (Stuttgart), Raymund Härtel (Leipzig), Karl Groos (Heidelberg), Michael du Mont (Köln), Herm. Kaiser (Berlin), Ernst Mohr (Heidelberg), Rud. Oldenbourg (München), Karl Ruprecht (Göttingen), Karl Winter (Heidelberg).

Das Ergebnis der Verhandlungen[1]) bildete eine Eingabe an das Reichskanzleramt vom 16. September 1871. Darin wurde gesagt, daß nur ein gemeinsamer Vertrag des Deutschen Reiches mit fremden Staaten für den deutschen Buchhandel von Wert sei, daß ein solcher Vertrag sich dem Gesetze vom 11. Juni 1870 anzulehnen habe, und daß es wünschenswert sei, die bestehenden Verträge einzelner deutscher Staaten zu kündigen, dafür aber von

---

1) Druckschriften des Börsenvereins Nr. 17. Handschriftliche Akten sind leider nicht vorhanden.

Reichswegen neue Verträge nach Maßgabe eines miteingereichten Normalvertrags zu schließen.

Die Eingabe blieb unbeantwortet, obwohl sich später die Deutsche Genossenschaft dramatischer Autoren und Komponisten und der Verein der deutschen Musikalienhändler mit ähnlichen Anträgen an das Reichskanzleramt wendeten.

Eingabe an den Reichskanzler, 1882.

Die fortdauernde Unsicherheit des internationalen Urheberschutzes, insbesondere das holländische und amerikanische Nachdruckwesen, veranlaßten den Börsenverein nach zehnjähriger Pause, von neuem einen Versuch zur Herstellung besserer Zustände zu machen. Er setzte sich dazu mit dem Verein der deutschen Musikalienhändler, dem Deutschen Schriftstellerverband und mit der Deutschen Genossenschaft dramatischer Autoren und Komponisten in Verbindung. Das Ergebnis der unter einflußreicher Beteiligung des damaligen Generalsekretärs des Börsenvereins, des Rechtsanwalts Dr. Paul Schmidt in Leipzig geführten Verhandlungen war eine neue Eingabe an den Reichskanzler vom 22. April 1882.[1])

In dem sehr ausführlichen, mit genauen Nachweisungen ausgestatteten Schriftstücke wurde auf die Zerfahrenheit des lückenhaften Vertragswesens hingewiesen, auf die erfolglose Eingabe vom Jahre 1871, auf den umfangreichen Nachdruck in Amerika und die bisher vergeblichen Bemühungen, diesem zu steuern. Die Eingabe schloß mit der erneuten Bitte an den Reichskanzler, Einheitlichkeit unter den Verträgen mit anderen Staaten herbeizuführen, insbesondere aber einen Vertrag mit den Vereinigten Staaten von Nordamerika.

Die von dem Staatssekretär Eck unterzeichnete Antwort des Reichskanzleramtes vom 17. Juni 1882 versicherte, daß die verbündeten Regierungen unausgesetzt im Sinne der Eingabe bemüht seien.

Die entscheidende Wendung war aber schon vor Eingang dieser Antwort eingetreten.

Die Berner Konvention, 1886.

Im Jahre 1878 war auf Anregung Viktor Hugos die Association littéraire et artistique internationale entstanden. Diese Gesellschaft war und ist noch heute eifrig bestrebt, den internationalen Schutz des Urheberrechts zu vervollkommnen. Sie hatte dabei, wie auch der Heidelberger Ausschuß des Börsenvereins, an eine Reihe von Einzelverträgen der Staaten gedacht. An dem im Mai 1882 in Rom abgehaltenen Kongreß der Association, die bis dahin nur Schriftsteller und Künstler auf ihren

---

1) Veröffentlicht im Börsenblatt 1882, 183.

Kongressen gesehen hatte, beteiligte sich zum erstenmale der Börsenverein, offenbar unter dem Drucke der Umstände, die zu der kurz vorhergegangenen Eingabe an den Reichskanzler geführt hatten. Der Börsenverein ließ sich auf dem Kongreß vertreten durch seinen Generalsekretär Dr. Paul Schmidt. Diesem schien es unpraktisch, daß der Kongreß auf eine große Zahl unter sich gewiß verschiedener und schwer zu übersehender Einzelverträge hinwirken wollte. Er schlug daher einen Staatenverband zum Schutze des litterarischen Eigentums vor, ähnlich dem Weltpostverein.

Der Schmidt'sche Vorschlag[1]) fand sofort allseitigen Beifall; er wurde einem Ausschusse überwiesen und auf dessen Befürwortung vom Kongreß einstimmig angenommen. Im September 1883 fand in Bern eine Konferenz von Mitgliedern der Association statt, die einen Entwurf für einen Staatenverband ausarbeitete und veröffentlichte.[2]) Die Association überreichte den Entwurf dem schweizerischen Bundesrate mit dem Ersuchen, die Angelegenheit auf diplomatischem Wege weiterzuführen. Dem Bundesrat gelang es, schon im September 1884 eine Diplomatenkonferenz in Bern zu vereinigen. Aus deren Arbeit[3]) ging der Entwurf einer Übereinkunft betreffend die Bildung eines internationalen Verbandes zum Schutze von Werken der Litteratur und Kunst hervor. Nach der Prüfung des Entwurfs durch die beteiligten Regierungen trat im September 1886 in Bern eine neue Diplomatenkonferenz zusammen, in der die Berner Konvention vom 9. September 1886 endgiltig geschlossen wurde.

Der Vorstand des Börsenvereins hatte geglaubt, sich an den dem Kongresse in Rom folgenden Verhandlungen des Ausschusses der Association nicht weiter beteiligen zu sollen. Jedoch wurde ihm der Entwurf der Berner Konferenz von 1884 vom sächsischen Ministerium des Innern zum Gutachten unterbreitet, das der Börsenverein am 7. März 1885[4]) erstattete.

Die Verlagsordnung. 1893.

Das Urheberrecht ist nun sowohl für Deutschland als auch für dessen Beziehungen zum Auslande durch Gesetze und Verträge geordnet oder kommt doch einer befriedigenden Ordnung immer näher. Dagegen bestehen über das Verlagsrecht, d. i. über das

1) Wortlaut im Börsenblatt 1885, 96. Bericht Dr. Schmidts über seine Thätigkeit in Rom bei den Akten.

2) Projet de convention pour constituer une Union générale pour la protection des droits des auteurs sur les œuvres littéraires et artistiques.

3) Actes de la conférence internationale pour la protection des droits d'auteur reunie à Berne, 8—19 Sept. 1884. Fol. 89 S.

4) Nebst dem Schreiben des Ministeriums und einer Übersicht der Vorgeschichte veröffentlicht im Börsenblatt 1885, 96.

Rechtsverhältnis des Autors zum Verleger noch immer sehr mangelhafte Gesetze.

In den alten preußischen Provinzen gelten die §§ 996 bis 1022 des Landrechts von 1794, veraltet und für die herrschende Rechtsanschauung zum Teil schwer verständlich; im Königreich Sachsen stehen seit 1865 die §§ 1139—1149 des Bürgerlichen Gesetzbuches in Kraft; die übrigen deutschen Staaten und die neuen preußischen Provinzen haben teils gar keine, teils nur bruchstückartige verlagsrechtliche Bestimmungen. Im übrigen gilt Gewohnheitsrecht und Handelsbrauch, der jedoch durch eine ziemlich ausgebildete Rechtslehre unterstützt ist.[1]) Da fast alle Verlagsverträge schriftlich geschlossen werden und der Buchhandel zu seinen Autoren herkömmlich in guten Beziehungen lebt, so kommen eigentliche Zerwürfnisse allerdings wenig vor. Immerhin ist ein längeres Beharren in diesen unfertigen Verhältnissen nicht wünschenswert, zumal Ungarn (1875) und die Schweiz (1883) bereits neuere Gesetze erlassen haben.

Um wenigstens im Buchhandel Klarheit über die verlagsrechtlichen Anschauungen herbeizuführen, um seine Bedürfnisse zu ermitteln und so eine künftige Gesetzgebung vorzubereiten, beantragte der Verlagsbuchhändler Robert Voigtländer in Leipzig im Jahre 1890 im Börsenverein die Ausarbeitung einer Verlagsordnung für den deutschen Buchhandel.[2]) Die Hauptversammlung nahm den Antrag einstimmig an. In den Ausschuß für die Verlagsordnung traten ein: Dr. Eduard Brockhaus (Leipzig), Vorsitzender; Robert Voigtländer (Leipzig), Schriftführer; Arnold Bergsträßer (Darmstadt), Alfred von Hölder (Wien), Otto Mühlbrecht (Berlin), Ernst Artur Seemann (Leipzig), Egon Werlitz (Stuttgart).

Der Ausschuß hielt vier Sitzungen ab. In der ersten (7. bis 9. Oktober 1890) wurde nach einem vom Antragsteller ausgearbeiteten Vorentwurfe ein Entwurf erster Lesung hergestellt. Diesen erhielten die Herren Geh. Oberpostrat Dr. Dambach in Berlin und Dr. Oskar von Wächter in Stuttgart, nach erteilter Zusage, mit der Bitte um juristische Begutachtung. Diese Gutachten wurden in der zweiten Lesung (7. bis 9. April 1891) durchgearbeitet. Dieser Sitzung wohnte im Auftrage des Reichsjustizamts der kaiserl. Regierungsrat Herr Dr. Dungs bei. Die dritte Lesung (6. und 7. Oktober 1891) hatte unter Mitwirkung schriftstellerischer Sachverständigen stattfinden sollen. Die Verhandlungen

---

1) Im Auftrage des Börsenvereins ist der gesamte Stoff zusammengestellt in der Schrift von M. Petsch, „Die gesetzlichen Bestimmungen über den Verlagsvertrag in den einzelnen deutschen Staaten.“ Leipzig 1870.

2) Die Eingabe ist abgedruckt im Börsenblatt 1890, 80 und in den Publikationen des Börsenvereins VIII, S. 8 f.

mit dem Deutschen Schriftstellerverbande waren aber ergebnislos verlaufen. Der Ausschuß veröffentlichte nun seinen Entwurf dritter Lesung mit Begründung und ausführlichem Geschäftsberichte (Beilage zum Börsenblatt 1891, Nr. 301). Es heißt darin:

„Der Entwurf lehnt sich möglichst eng an das bestehende Recht und die vorwiegend geltende juristische Lehrmeinung an; Abweichungen waren geboten, wo jene den buchhändlerischen Geschäftsgebräuchen nicht entsprechen. Dies ist hauptsächlich der Fall in betreff der grundsätzlichen Auffassung der Stellung des Verlegers zu den Verfassern. Daß ferner alles, was im Verkehre unpraktisch oder hemmend ist, nach Möglichkeit vermieden wurde, ist selbstverständlich. Sollte der Ausschuß darin manchem Verleger noch nicht weit genug gegangen sein, so wolle man das aus der Rücksichtnahme auf Stellung und Rechte der Verfasser erklären.

Der Ausschuß war darin einig, daß die Verlagsordnung des Börsenvereins vor allem sich durch strengste Gerechtigkeit auszeichnen müsse. So wurde denn von Satz zu Satz mit peinlicher Genauigkeit erwogen, nicht nur, was dem Verleger recht, sondern auch was dem Verfasser billig sei. Der Ausschuß hofft, bei unbefangen urteilenden Kennern der obwaltenden Verhältnisse Anerkennung dieser seiner Bestrebungen zu finden. Einwendungen gegen seine Vorschläge in dieser Beziehung wird er besonders genau prüfen."

Der Aufforderung zur Kritik des Entwurfs hatten Schriftsteller, Juristen und Buchhändler Folge geleistet. Diese Eingänge prüfte der Ausschuß in seiner vierten Sitzung (22. bis 24. März 1892). Auch der aus dieser letzten Beratung hervorgegangene Entwurf vierter Lesung wurde, mit teilweiser Ergänzung der Begründung des Entwurfs dritter Lesung, veröffentlicht (Beilage zum Börsenblatt 1892, Nr. 93).

Die am 15. Mai 1892 abgehaltene Hauptversammlung nahm den Entwurf einstimmig an in dem Sinne, daß den Mitgliedern des Börsenvereins empfohlen wurde, die Verlagsordnung als Grundlage zu ihren Verlagsverträgen und zu deren Ergänzung und Erläuterung zu benutzen. Außerdem sollte sie dem Reichskanzler (dem Reichsjustizamte) zur Berücksichtigung bei einer reichsgesetzlichen Regelung des Verlagsrechts überwiesen werden. Da jedoch gegen einige Paragraphen von einzelnen Rednern Bedenken erhoben waren, so wurden der Vorstand und der außerordentliche Ausschuß beauftragt, bis zur Ostermesse 1893 einen revidierten Entwurf vorzulegen. Dieser, wenige nebensächliche Änderungen enthaltend, wurde in der Beilage zum Börsenblatte 1893, Nr. 54 veröffentlicht und von der Hauptversammlung am 30. April 1893 ohne Widerspruch und einstimmig genehmigt.[1])

---

1) Der Text der Verlagsordnung ist von der Geschäftsstelle des Börsenvereins zu beziehen; mit ausführlicher Begründung und mit Anmerkungen ist er ferner abgedruckt in Voigtländer, Das Verlagsrecht. 2. Aufl. S. 49—120.

An die Arbeit an der Verlagsordnung schließt sich unmittelbar die der Revision der bestehenden Gesetze über Urheberrecht, von der dieser Bericht handelt.

Zu diesem Abschnitt benutzte Quellen.

1. Akten.

1834.

Akten des Börsenvereins: Die Verhandlungen wegen Feststellung des litterarischen Rechtszustandes in Deutschland.

1855 bis 1857.

Akten des Ausschusses des Börsenvereins zur Beratung eines Gesetzentwurfes über Urheberrecht u. s. w.

1863 bis 1864.

Akten des Ausschusses des Börsenvereins zu den Nürnberger Verhandlungen am 10. und 11. August 1864. Nebst den gedruckten Protokollen der Bundeskommission.

1867 bis 1870.

Akten des Vorstandes und des Ausschusses des Börsenvereins, betr. den Gesetzentwurf für den Norddeutschen Bund.

1881 bis 1886.

Akten der Geschäftsstelle (früheren Centralbureaus) über Internationalen Rechtsschutz.

2. Amtliche Druckschriften des Börsenvereins und des Buchhandels betreffend Urheber- und Verlagsrecht.[1])

Zum Wiener Kongreß 1814.

1. (**Luden, Heinr.**), Vom freien Geistesverkehr. Aus dem Journale Nemesis 2. Bds., 2 St. besonders abgedruckt. Weimar 1814. 8°.
2. (**Kotzebue, Aug. von**), Denkschrift über den Büchernachdruck; zugleich Bittschrift um Bewürkung eines teutschen Reichsgesetzes gegen denselben. Den Erlauchten, bei dem Kongreß zu Wien versammelten Gesandten teutscher Staaten ehrerbietigst überreicht im Namen teutscher Buchhändler. 1814 (4°).

Der Wahlausschuß 1819, 1821.

3. Ehrerbietiges Gutachten über den, von den Herren Bundestagsgesandten von Martens, von Berkheim und von Berg übergebenen, Entwurf einer Verordnung zur Sicherstellung der Rechte der Schriftsteller und Verleger gegen den Nachdruck. Von dem Wahlausschusse der Teutschen Buchhändler. Leipziger Ostermesse, 1819 (Fol.).

---

1) Hier numeriert, um die Anführung zu vereinfachen.

4. Ehrerbietiges Pro Memoria, in Beziehung auf die Sicherstellung der Rechte der Schriftsteller und Verleger gegen den Nachdruck, der Hohen Bundesversammlung unterthänig überreicht von dem Wahlausschuß der teutschen Buchhändler. Leipziger Ostermesse, 1821 (Fol. 3 Seiten). (Nur eine Erinnerung an Beschleunigung der Angelegenheit.)

Der Ausschuß des Börsenvereins von 1834.

5. Vorschläge zur Feststellung des litterarischen Rechtszustandes in den Staaten des deutschen Bundes (Nebst Motiven). (Leipzig, 1834.) (Fol.)

Der (Koburger) Ausschuß von 1841.

6. Denkschrift in Bezug auf die von einer Hohen deutschen Bundesversammlung für das Jahr 1842 verheißene Revision der bundesgesetzlichen Bestimmungen über die litterarischen Rechtsverhältnisse in Deutschland gemäß des Beschlusses der Hauptversammlung des Börsenvereins der deutschen Buchhändler am 9. Mai 1841 beraten und abgefaßt von dem dazu statutenmäßig ernannten außerordentlichen Ausschusse. Als Manuskript für die Mitglieder des Börsenvereins. Jena, gedruckt bei Fr. Frommann (4°).
7. Denkschrift über „Zensur und Preßfreiheit in Deutschland", gemäß dem Beschlusse der Hauptversammlung des Börsenvereins der deutschen Buchhändler am 11. Mai 1841, beraten und abgefaßt von dem dazu statutenmäßig erwählten außerordentlichen Ausschusse. Als Manuskript für die Mitglieder des Börsenvereins. Jena, gedruckt bei Fr. Frommann (1841) (4°).

Der Ausschuß von 1854.

8. Denkschriften über den internationalen Rechtsschutz gegen Nachdruck zwischen Deutschland, Frankreich und England, auf den Beschluß der Hauptversammlung des Börsenvereins der deutschen Buchhändler vom 14. Mai 1854 beraten und abgefaßt von dem dazu statutenmäßig erwählten Ausschusse. Als Manuskript für die Mitglieder des Börsenvereins. (1855) (4°).
   I. Die Verträge mit England zum internationalen Schutze gegen den Nachdruck betreffend.
   II. Der Vertrag mit England.

Zum Börsenvereinsentwurfe, 1855 bis 1857.

9. **Volkmann, A. W.**, Zusammenstellung der gesetzlichen Bestimmungen über das Urheber- und Verlagsrecht. Aus den Bundesbeschlüssen, den deutschen Territorialgesetzgebungen und den französischen und englischen Gesetzen im Auftrag des Börsenvereins der deutschen Buchhändler bearbeitet. Leipzig, 1855 (8°).
10. Entwurf eines Gesetzes für Deutschland zum Schutze des Eigentums an Werken der Wissenschaft und Kunst gegen Nachdruck und Nachbildung, nebst Motiven. (Als Manuskript gedruckt.) 1857.

Der Börsenvereinsentwurf, 1857.

11. Entwurf eines Gesetzes für Deutschland zum Schutze des Urheberrechts an Werken der Litteratur und Kunst gegen Nachdruck, sowie gegen unbefugte Nachbildung und Aufführung, nebst Motiven. Seitens des Börsenvereins der deutschen Buchhändler und der Deputierten des Buchhandels zu Leipzig der königlich sächsischen Staatsregierung überreicht. (Als Manuskript gedruckt). (Fol.)

Der (Nürnberger) Ausschuß von 1864.

12. Bericht des Ausschusses des Börsenvereins der deutschen Buchhändler über den von der Kommission der hohen deutschen Bundesversammlung

ausgearbeiteten Entwurf eines Gesetzes zum Schutze der Urheberrechte an litterarischen Erzeugnissen und Werken der Kunst. Erstattet auf Grund der Ausschußverhandlungen zu Nürnberg am 10. und 11. August 1864. Berlin und Leipzig, 1864 (4°).

1867.

13. **Wächter, Oskar,** Der 9. November 1867 und die Verlagsrechte. (Abdr. a. d. Börsenblatt f. d. d. B.) 8°.

Der Ausschuß von 1869.

14. Protokolle über die am 11. bis 15. Januar 1869 stattgehabten Verhandlungen des von dem Vorstande des Börsenvereins der deutschen Buchhändler nach Leipzig einberufenen Ausschusses zur Beratung des vom Bundeskanzler-Amte vorgelegten Entwurfes eines Gesetzes für den Norddeutschen Bund, betreffend das Urheberrecht an Werken der Litteratur und der Kunst, an geographischen, naturwissenschaftlichen, architektonischen und ähnlichen Abbildungen, sowie an photographischen Aufnahmen nach der Natur. Leipzig, 1869. Fol.

1870.

15. **Petsch, W.,** Die gesetzlichen Bestimmungen über den Verlagsvertrag in den einzelnen deutschen Staaten, sowie die darauf bezüglichen hervorragenden Entwürfe und von der Wissenschaft aufgestellten Grundsätze. Im Auftrage des Börsenvereins der deutschen Buchhändler zusammengestellt. Leipzig, 1870. 8°.

Der (Heidelberger) Ausschuß von 1871.

16. Zusammenstellung der internationalen Verträge zum Schutze des Urheberrechts zwischen Deutschland, beziehentlich einzelnen deutschen Staaten einerseits und Belgien, England, Frankreich, Italien und der Schweiz anderseits. (Mit Beilage.) 1871. (4°.)

17. Protokolle über die am 4. bis 6. September 1871 zu Heidelberg stattgehabten Verhandlungen der von dem Vorstande des Börsenvereins der deutschen Buchhändler einberufenen Kommission zur Beratung des Entwurfes eines gemeinsamen Vertrages des Deutschen Reiches mit fremden Staaten zum gegenseitigen Schutze des Urheberrechts an Schriftwerken, Abbildungen, musikalischen Kompositionen, dramatischen Werken und Werken der bildenden Künste. Leipzig, 1871. Fol.

1877.

18. **Volkmann, A. W.,** Deutsche Gesetze und Verträge zum Schutze des Urheberrechts. Im Auftrage des Börsenvereins zusammengestellt. (Publikationen des Börsenvereins, Bd. V.) 1877. 8°.

1890.

19. Abänderungsvorschläge zu dem Gesetz, betr. das Urheberrecht an Werken der bildenden Künste vom 9. Januar 1876 mit Motiven. (Auf Veranlassung des Börsenvereinsvorstandes von **E. A. Seemann** und Dr. **Paul Schmidt**; Sonderabdruck aus dem Börsenblatt. 1890, Nr. 296). 4°.

Archiv für die Geschichte des deutschen Buchhandels. Herausgegeben von der Historischen Kommission des Börsenvereins der deutschen Buchhändler. (Abkürzung: Archiv.)

Börsenblatt für den deutschen Buchhandel. Eigentum des Börsenvereins.

Andere Werke und Aufsätze sind an ihrer Stelle genannt.

3.

Autorenrecht und Verlegerrecht.

A. Geschichtliches.

Das Privilegienwesen und die ältere verlagsrechtliche Gesetzgebung zielten auf den Schutz des Buchgewerbes; der Autor wurde mittelbar gedeckt durch den Verleger und durch den diesem gewährten Schutz des erschienenen Werkes gegen Nachdruck. Dieses Verlegerrecht ließ die Entwickelung der neueren Rechtslehre und Gesetzgebung hinter dem neuaufgestellten Autorenrecht zurücktreten. Man sagt jetzt, es solle grundsätzlich nur die geistige Arbeit geschützt werden; man meint damit die schriftstellerische oder künstlerische. Die geistige Arbeit des Gewerbetreibenden, des Buchhändlers, betrachtet die neuere Gesetzgebung und Rechtslehre nicht mehr als Gegenstand des Rechtsschutzes. Die ältere Gesetzgebung erkannte dem Verleger als Besteller ein ursprüngliches (Verlags-) Urheberrecht zu, die neuere nur ein abgeleitetes.[1])

Die Einseitigkeit dieser neuen Lehre ist ein wissenschaftlich noch wenig erörterter,[2]) gleichwohl theoretisch verwirrender und praktisch empfindlicher Fehler des heutigen Rechtszustandes.

Es wird nützlich sein, die Geschichte der Wandlung der Rechtsanschauungen zu Ungunsten des Buchhandels hier darzustellen.

Das preußische Landrecht bestimmte:

§ 1021. Vorstehende Einschränkungen des Verlagsrechts zum Besten des Schriftstellers fallen weg, wenn der Buchhändler die Ausarbeitung eines Werks nach einer von ihm verfaßten Idee dem Schriftsteller zuerst übertragen und dieser die Ausführung ohne besonderen schriftlichen Vorbehalt übernommen; oder wenn der Buchhändler mehrere Verfasser, zur Ausführung einer solchen Idee, als Mitarbeiter angestellt hat.

---

1) Vgl. Voigtländer, das Verlagsrecht. 1893. S. 18—29 und Anm. zu der Verlagsordnung §§ 1, 2, 5, 35—37, dazu die dort gehörigen Orts angeführten Schriften von Osterrieth und Schäffle; ferner: Schürmann I, Abschn. 12d. „Die schiefe Bahn der modernen Nachdruckgesetzgebung" und III, Abschn. 11. „Gegenstand des Verlagsrechts."

2) Die erste eingehende Arbeit eines Juristen darüber ist die 1896 erschienene Schrift von Dr. Walther Hofmann: „Über Wesen und Rechtswirkungen der Bestellung eines Schriftwerks durch den Verleger." Gera 1896. Der Verfasser steht im wesentlichen auf dem vom Ausschuß eingenommenen Standpunkte.

§ 1022. In diesen Fällen gebührt das volle Verlagsrecht vom Anfange an dem Buchhändler, und der oder die Verfasser können sich auf fernere Auflagen oder fernere Ausgaben weiter kein Recht anmaßen, als was ihnen in dem schriftlichen Vertrage ausdrücklich vorbehalten ist.

Der Börsenvereinsentwurf hielt die Überlieferung in folgender Form aufrecht:

§ 2. Dem Urheber wird in Beziehung auf den durch das gegenwärtige Gesetz gewährten Schutz gleich geachtet: a) der Besteller eines Werkes, welcher dessen Bearbeitung oder Ausführung nach einem von ihm angegebenen Plane zum Zwecke der Vervielfältigung einem anderen übertragen hat; b) der Herausgeber oder Unternehmer eines Werkes, welches durch Beiträge mehrerer Mitarbeiter gebildet wird, und zugleich in sich ein Ganzes ausmacht; . . . .

Die Motive zum Vorentwurfe verbreiten sich in längeren äußerst sorgsamen Ausführungen (u. IX, S. 31 ff.) über die schwierige Frage. Es heißt da u. a.:

„Gewöhnlich wird unter Urheber (Autor) einer Schrift derjenige verstanden, welcher sie verfaßt hat. Es ist indes nicht in Abrede zu stellen, daß sich im Verkehr Verhältnisse bilden, unter denen dem eigentlichen Verfasser einer Schrift ohne Verletzung sonstiger Rechte oder ohne Unbilligkeit gegen einen andern das Vervielfältigungsrecht nicht zugestanden werden kann."

Und weiter:

„Derjenige, welcher den Plan zu einem wissenschaftlichen Werke faßt und mit dessen Ausführung einen dritten beauftragt, ist der eigentliche Urheber. Daß er sich hierbei fremder Kräfte bedient, kann ihm seine Autorschaft im eigentlichen Sinne nicht entziehen. Dasselbe gilt von demjenigen, der zur Ausführung einer solchen Idee um deswillen, weil sie vielleicht die Kräfte eines einzelnen übersteigt, oder aus andern Gründen mehrere vereinigt."

Die Bundeskommission ließ (1863—1864) die Gleichstellung des Bestellers mit dem Urheber fallen. Der Rechtssatz sei bedenklich, weil er das Urheberrecht auf den Plan im Gegensatze zur Ausführung gründe und die Idee als den eigentlichen Gegenstand der Belohnung und somit des Rechtsschutzes proklamiere, während doch die Arbeit (des Schriftstellers) die Idee produktiv mache; „bedenklich auch in so fern, als eine solche Bestimmung leicht von habsüchtigen Verlegern mißbraucht werden könnte, um unerfahrene und bescheidene litterarische Arbeiter um die Früchte ihres Fleißes zu bringen." [1])

Der Bericht des zur Begutachtung des Bundesentwurfs im Börsenverein gebildeten (Nürnberger) Ausschusses (S. 7 zum § 10) verlangte die Wiederherstellung des Börsenvereinsentwurfes.

Der preußische Entwurf für den Norddeutschen Bund entsprach diesem Verlangen in folgender Form:

---

1) Protokolle der Bundeskommission S. 11.

§ 2. Dem Urheber wird in Beziehung auf den durch das gegenwärtige Gesetz gewährten Schutz gleich geachtet: a) der Besteller eines Werkes, welcher dessen Bearbeitung und Ausführung nach einem von ihm angegebenen Plane zum Zwecke der Vervielfältigung einem anderen übertragen hat; b) der Herausgeber oder Unternehmer eines Werkes, welches durch Beiträge mehrerer Mitarbeiter gebildet wird und zugleich in sich ein Ganzes ausmacht.

In dem Börsenvereinsausschusse von 1869 wurde auf Antrag von Dr. Hirzel zum § 2a die Streichung dieses ganzen Punktes mit überwiegender Mehrheit beschlossen. Das Protokoll sagt dazu:

„In der eingehenden Debatte hierüber, in welcher sich die Herren Dr. Hirzel, Kaiser, Springer, Rütten, Reimer, Hinschius, Liesching für den Hirzelschen Antrag, die Herren Frommann und Dr. Brockhaus gegen denselben aussprechen, wird von der ersteren Seite besonders hervorgehoben, daß der fragliche Abschnitt leicht geeignet sei, einen falschen Schein auf den deutschen Buchhandel zu werfen, als ob derselbe gegenüber den Autoren ein wertvolles Recht sich habe sichern wollen, während doch die Möglichkeit vertragsmäßiger Feststellung zwischen Verleger und Autor den für den ersteren von dem Gesetze beabsichtigten Schutz ebenso illusorisch als entbehrlich machen. Die Bestimmung wird aus dem preußischen Landrecht erläutert, in welchem die ganze Theorie vom Besteller ihren Ursprung habe, die aber bei einer neuen Gesetzgebung füglich verlassen werden könne und deshalb auch um die Stellung des deutschen Buchhandels willen verlassen werden müsse. Dagegen wird von Herrn Brockhaus bemerkt, daß der Gesetzgeber doch für den Fall sorgen müsse, in welchem eine kontraktliche Vereinbarung nicht getroffen sei, und von Herrn Frommann wird darauf hingewiesen, daß die fragliche Bestimmung nicht sowohl wegen des Verhältnisses vom Autor und Verleger, sondern wegen der Berechnung der gesetzlichen Schutzfrist von Wichtigkeit sei. Auf den ersteren Einwand wird entgegnet, daß ein Verleger bei den hier in Frage stehenden Verhältnissen gewiß stets auf eine kontraktliche Regelung bedacht sein werde, und gegen Herrn Frommann erwiderte Herr Reimer, daß gerade aus dem von letzterem angeführten Grunde der Wegfall der Bestimmung zu wünschen sei, weil es zu einer bedenklichen Rechtsunsicherheit führen müsse, wenn der dritte nicht wisse, ob für den gesetzlichen Schutz die Lebenszeit des Verfassers oder des Verlegers maßgebend sei. Von Herrn Rütten werden die in den Motiven zu § 40 rücksichtlich der musikalischen Kompositionen entwickelten Gründe auch für den gegenwärtigen Fall als zutreffend bezeichnet.“

Natürlich blieb nun der vom Buchhandel selbst verschmähte § 2a in dem dem Reichstag vorgelegten neuen Entwurfe fort. Die Kommission des Reichstages machte vollends reine Bahn, indem sie aus dem § 2b den Unternehmer strich mit folgender Begründung:

„Die Kommission schlägt ferner vor, nur den Herausgeber, nicht aber den ‚Unternehmer‘ eines einheitlichen Sammelwerks dem Urheber gleich zu stellen. Unter dem Unternehmer könnte auch ein Verleger verstanden sein, dem an dem Entstehen des Werkes vielleicht kein anderes Verdienst zukommt, als daß er den allgemeinen Plan vorzugsweise nach seiner geschäftlichen Seite entworfen hat. Übt der Unternehmer zugleich eine redaktionelle Thätigkeit bei dem Zustandekommen des Ganzen aus, so wird er auch auf dem Werk als Herausgeber genannt sein oder sich als solchen nennen können. Das Gesetz hat die Absicht, der geistigen Arbeit ihren Lohn zu sichern; es kann die Rechte des Urhebers also auch nur dem gewähren, der an einem Sammelwerk eine dem Autor gleichartige litterarische Thätigkeit entfaltet."

Für den Wegfall des verlegerischen Bestellerrechtes aus einem Autorrecht, so wie es sich nun gestaltet hat, lassen sich gute sachliche Gründe geltend machen; es ist vielleicht anzunehmen, daß ein Teil der Mehrheit des Ausschusses von 1869 sich von solchen hat leiten lassen, ohne daß dies im Protokoll Ausdruck gefunden hat. Jedenfalls war das Verhalten des Ausschusses ein schwerer Fehler. Er mußte sich über die verlagsrechtliche Wichtigkeit des § 2a im klaren sein. Wollte man theoretisch zugeben, daß das gute alte Recht des Buchhandels aus dem Autorrecht besser wegbleibe, so durfte man dies doch nicht eher praktisch „in seltener Großmut"[1]) einräumen, ehe ein verlagsrechtlicher Ersatz gesetzlich dargeboten wurde. Ganz verfehlt aber ist die Begründung des Beschlusses mit dem „falschen Schein" und daß die alte Theorie „um der Stellung des deutschen Buchhandels willen verlassen werden müsse". In einem Gesetze ist das Recht, bis auf den Grund erschöpft, festzustellen; Zartgefühl ist da nicht angebracht und durfte keinesfalls Anlaß geben, ein altes Recht des Buchhandels fallen zu lassen.

Es sei noch folgende treffende Äußerung des bekannten Rechtslehrers Eisenlohr zugefügt:[2])

„Das litterarische Erzeugnis, die musikalische Komposition, das Bild, die plastische Gestalt sind verkörperte Ideen, wahrnehmbar und erkennbar durch die Verarbeitung zu eigentümlicher Form. In diesem besonderen Dasein gehören sie dem zu eigen, der sie mit dem animus domini produziert hat. Wo dieser animus nicht vorhanden ist, weil der Künstler oder Gelehrte in fremdem Auftrag nach fremder Idee arbeitet, wird das Produkt der Arbeit ins Eigentum des Bestellers gebracht."

Eisenlohr, der dem Bestellerrecht ebenfalls seine Stellung im Verlagsrecht anwies, drückte seine Ansicht in den bei den Akten befindlichen „Kritischen Briefen" zum Börsenvereinsentwurfe (Bl. 337) nochmals in anderer Form aus:

„Der Besteller eines Werkes wird Eigentümer, weil der Autor in seinem Auftrage arbeitet, mit dem animus arbeitet, das Produkt in das Eigentum des Bestellers zu bringen, nicht weil der Autor nach fremder Idee arbeitet."

---

1) Worte aus einem bei den Akten befindlichen Briefe.
2) Eisenlohr, Das litterar-artistische Eigenthum. Schwerin 1855, S. 70 u. 71.

B. Der Verleger als Besteller.

Das Verhältnis zwischen Autor und Verleger entsteht regelmäßig in einer der folgenden Hauptformen.

1) Der Autor bietet dem Verleger ein ohne dessen Anregung oder Mitwirkung entstandenes Werk zum Verlage an.

2) Der Autor empfängt von dem Verleger bestimmte oder unbestimmte Anerbietungen oder Anregungen zur Verlaggabe.

3) Der Verleger bestellt dem Autor ein bestimmtes, vom Autor selbständig innerhalb der verabredeten Grenzen auszuführendes Werk.

4) Der Verleger erwirbt die unselbständige Mitwirkung des Autors bei Ausführung eines bestimmten buchgewerblichen Unternehmens (Übersetzung, Bearbeitung, Mitarbeiterschaft, Redaktionsarbeit u. dgl.). Dabei sind zu unterscheiden:

a) die innerhalb buchgewerblicher Anstalten von deren Angestellten (Beamten, Redakteuren, Künstlern, Arbeitern) in Ausübung ihres Amtes gefertigten Arbeiten;

b) die außerhalb buchgewerblicher Anstalten ohne festen Anstellungsvertrag, aber nach Anweisung des Unternehmers für diesen gefertigten Arbeiten.

Die verschiedene Entstehungsart des Vertrages zwischen Autor und Verleger bedingt nach Ansicht des Ausschusses verschiedene Rechtsverhältnisse.

Die erste und zweite Art der Vertragsentstehung ist allein diejenige, auf welche die geltende Lehre vom Urheber- und Verlagsrecht Anwendung finden kann, weil nur hier die Voraussetzung dieser Lehre zutrifft: die ursprüngliche, selbständige Geistesarbeit des Verfassers. Mit Recht steht dann das ursprüngliche Urheberrecht dem Verfasser (Künstler) zu; er überträgt es ganz oder teilweise dem Verleger; dieser hat nur ein abgeleitetes Recht; im Zweifel gelten Teile des Urheberrechts, die der Verleger nicht ausdrücklich erworben hat, als dem Verfasser verblieben; insbesondere hat der Verleger im Zweifel nur das Recht einer Auflage und Ausgabe, kein Übersetzungsrecht, kein Recht, nach dem Tode des Verfassers den Bearbeiter des Werkes nach eigenem Ermessen zu wählen. Der Verleger ist zur Vervielfältigung und Verbreitung verpflichtet, dagegen im Zweifel nicht verpflichtet, Honorar zu zahlen.

Der dritte Fall liegt schon anders. Der Gedanke des litterarischen Unternehmens ist vom Verleger ausgegangen; es ist bestimmt, geschäftliche Zwecke des Verlegers zu erfüllen. Der Schriftsteller (Künstler), der solche Aufträge des Verlegers annimmt, stellt sich damit in den Dienst der Verlagsunternehmung. Es kann nicht der vernünftige Sinn eines solchen Vertrages sein, daß dem Autor die in den ersten beiden Fällen berechtigte Freiheiten verbleiben, daß er z. B. die zweite Auflage in anderen Verlag geben dürfte, wenn der Erfolg der ersten die geschäftliche Zweckmäßigkeit des verlegerischen Planes erwiesen hat. Im Zweifel wird es also dem Sinne des ganzen Verhältnisses entsprechen, daß der Verleger das Recht zu allen Auflagen und Ausgaben, das Übersetzungsrecht, das Bearbeitungsrecht bei Verhinderung, Weigerung und nach dem Tode des Verfassers habe, ferner das Recht, eine seinen Geschäftszwecken nicht entsprechende Arbeit zurückzuweisen. Dagegen gilt er als unbedingt verpflichtet, für die bestellte und auftraggemäß gelieferte Arbeit Honorar zu zahlen.

Alle diese Rechte sind aber verlagsrechtliche; das Urheberrecht bleibt davon unberührt. Der Verfasser hat immer noch das ursprüngliche, der Verleger das abgeleitete Recht. Insbesondere bleiben die Individualrechte des Verfassers unantastbar: der Verleger darf an dem Werke eigenmächtig nichts ändern.

Der vierte Fall ist der, wo der Schriftsteller (Künstler, Zeichner, Kartograph, Photograph) unter Aufgabe seiner Autorselbständigkeit ganz in den Dienst des Buchgewerbes tritt. Der Verleger oder die Verlagsfirma ist Unternehmer, die kartographische oder photographische Anstalt entweder selbst Unternehmerin oder ein dienendes Glied im Buchgewerbe, die Zeitung oder Zeitschrift eine Individualität für sich, mit eigenen Zwecken. Die an solchen Anstalten mitwirkenden Schriftsteller und Künstler sind keine selbständigen, dem Verleger oder dem Unternehmer ungebunden gegenüberstehenden „Urheber", sondern sind, wenn in festem Lohn, seine Beamten, oder wenn das nicht, doch die an seine Weisungen gebundenen Mitarbeiter. Insbesondere sind die Redaktionsmitglieder von Zeitungen gewerbliche Privatbeamte und rechtlich von den zu rein gewerblichen Diensten Angestellten in nichts unterschieden, ebenso die technischen Kräfte der kartographischen, photographischen und ähnlichen Anstalten. Es macht dabei rechtlich keinen Unterschied, ob die Redakteure, Zeichner, Photographen ihre Weisungen unmittelbar vom Unternehmer oder mittelbar durch einen Herausgeber oder wissenschaftlichen Leiter erhalten.

Das Natürliche wäre nun, wenn das Gesetz den Verleger oder Unternehmer zum Träger des Rechtsschutzes seiner Unternehmungen oder Erzeugnisse machte. Das thut das Gesetz aber nicht, sondern es stellt die im Dienste eines anderen vollbrachte schriftstellerische oder künstlerische Leistung der freien Autorschöpfung gleich. Damit ist das natürliche Verhältnis geradezu auf den Kopf gestellt.

Wenn der Besitzer einer kartographischen Anstalt von einem seiner Zeichner eine Karte entwerfen, sich aber nicht dessen „Urheber"-Recht „übertragen" läßt, so ist der Unternehmer bei Verwertung der in seinem Lohn entstandenen Karte dem Zeichner gegenüber an alle urheber- und verlagsrechtlichen Beschränkungen des Verlegers genau so gebunden, als wenn er die Karte von einem Gelehrten wirklich in Verlag genommen hätte. — Eine Zeitung genießt ohne weiteres keinen Rechtsschutz als Ganzes, sondern nur in den Teilen, oder als Ganzes nur in der künstlichen Annahme, daß die angestellten Redakteure als „Urheber" der einzelnen Nachrichten und Artikel ihr Urheberrecht dem Verleger übertragen hätten.[1])

Der Fehler besteht nur dem Buchgewerbe gegenüber; für die übrige Industrie vermeidet ihn das Gesetz vom 11. Januar 1876 betreffend das Urheberrecht an Mustern und Modellen. Der § 2 darin lautet:

„Bei solchen Mustern und Modellen, welche von den in einer inländischen gewerblichen Anstalt beschäftigten Zeichnern, Malern, Bildhauern ꝛc. im Auftrage und für Rechnung des Eigentümers der gewerblichen Anstalt angefertigt werden, gilt der letztere, wenn durch Vertrag nichts andres bestimmt ist, als der Urheber der Muster und Modelle.

Es bedarf nur der Ausdehnung des in diesem Paragraphen hervortretenden zweckmäßigen Grundsatzes auf das Buchgewerbe, um in dieser Beziehung die Einseitigkeit des jetzigen Autorrechtes aufzuheben.

Das führt zu der Unterscheidung der Arbeit innerhalb und außerhalb der buchgewerblichen Anstalt (Fall 4, a und b).

In dem ersten Falle kann man ohne weiteres und wenn durch den Anstellungsvertrag nichts anderes bestimmt ist, annehmen, daß nach dem Willen der Vertragschließenden alle in Ausführung des Vertrages entstehenden Urheberrechte dem Eigentümer der buchgewerblichen Anstalt zustehen sollen, auch dann, wenn der Angestellte die Arbeit rechtlich oder wissenschaftlich der Außenwelt gegenüber durch Namensunterschrift vertritt, wie es Zeitungsredakteure, Herausgeber und Mitarbeiter von Sammelwerken, oder zuweilen Kartenzeichner, Kupferstecher. Holzschneider u. s. w. thun. Nur darf der Verleger Arbeiten mit Namensunterschrift nicht eigenmächtig verändern, ohne diesen Umstand in deutlicher Form bekannt zu geben. Privatarbeiten des Angestellten, z. B. wenn ein Redakteur einen Roman schreibt, bleiben von dem Anstellungsvertrag natürlich unberührt.

In dem zweiten Falle aber kann es sich sowohl um Abtretung des gesamten als auch des teilweisen Urheberrechts handeln. Ist die Abtretung nur teilweise, so würde ihr Umfang im Zweifel nach dem Vertrage, dem Verlagsrecht und dem Brauche zu be-

1) Dr. O. Dambach, Die Gesetzgebung des Norddeutschen Bundes an Schriftwerken u. s. w. Berlin 1871. S. 28—30.

urteilen sein. Einem künftigen Verlagsrechte sollten da die Artikel 1021 und 1022 des preußischen Landrechts und die §§ 5, 37 und 39 der Verlagsordnung als Anhalt dienen.

Der Ausschuß ist sich wohl bewußt, daß er sich mit dieser Ausführung auf ein Gebiet begeben hat, das noch der wissenschaftlichen Aufhellung bedarf und der Formkunst der Rechtsgelehrten vielleicht ein dankbares Feld bietet.

Kein Zweifel aber, daß die thatsächlichen Verhältnisse im Buchhandel und Buchgewerbe so sind, wie hier geschildert. Der Ausschuß spricht sich deshalb grundsätzlich dafür aus, daß **der Eigentümer von Zeitschriften, Zeitungen, encyklopädischen Sammelwerken, von Erzeugnissen kartographischer, photographischer und ähnlicher Anstalten Träger des Rechtsschutzes für die in seinem Hause und Auftrage von anderen Personen gefertigten Arbeiten sein solle.**

Es käme noch in Frage, wie im Falle der Annahme dieses Vorschlages die Dauer der Schutzfrist bemessen werden solle. Da in der Regel keine Person, sondern eine Firma Träger des Rechtsschutzes sein würde, so kann die Schutzzeit nicht nach der Lebensdauer berechnet werden. Der Ausschuß ist daher dafür, **die Dauer der Schutzfrist nach dem Jahre des Erscheinens zu berechnen.**

Vgl. Dr. Karl Gareis, Über das Erfinderrecht von Beamten, Angestellten und Arbeitern. Berlin 1879. — Dr. Wilh. Reuling. Die Anrechte der Auftraggeber und Dienstherren an den Erfindungen ihrer Beauftragten und Angestellten. Berlin 1892. — Dr. Paul Alexander-Katz, für den Schutz des Urheberrechts in der Baukunst und Ingenieurkunst (Festgabe z. 17. internat. Kongreß in Dresden 1895. S. 101). — Robert Voigtländer, Die Rechtsbeziehungen zwischen Autor und Verleger (Berichte z. 17. internat. Kongreß in Dresden 1895. S. 108ff.).

C. Ein Urheberrecht an Äußerlichkeiten.

Der Erfolg, das Wesen und die Bedeutung mancher Verlagsunternehmungen liegt teils in der Eigentümlichkeit des Titels, teils in der äußeren Ausstattung. Entweder sind solche Eigentümlichkeiten von Hause aus beabsichtigt (z. B. an dem Lebkuchenbilderbuch von Wilh. Effenberger in Stuttgart), oder sie sind durch langjährige Gewohnheiten zu Besonderheiten geworden (Bädekers Reisebücher). Ferner werden der Titel oder gewisse Figuren und Abbildungen typisch (Der Struwwelpeter, Müller und Schulze im Kladderadatsch,[1]) Schumanns Bliemchen, Max und Moritz von Wilh. Busch).

---

1) Vergl. Börsenblatt 1871, Nr. 251.

Nachahmungen solcher Besonderheiten können den rechtmäßigen Inhaber ebenso empfindlich treffen als der grobe Nachdruck[1]) eines anderen Werkes; trotzdem sind solche Nachahmungen nicht verboten.

Eine alte Streitfrage ist freilich die, ob die Benutzung oder der Nachdruck bestehender Titel gestattet sein dürfe. Die Motive zum Börsenvereinsvorentwurf (S. 53) gehen ganz ausführlich auf die Frage ein und erklären sich für die Vorschrift des österreichischen Gesetzes von 1846. Dieses erlaubt im § 5 d zwar im allgemeinen die Benutzung eines früher von einem anderen veröffentlichten Titels, erklärt jedoch, daß die Wahl eines gleichen Titels in dem Falle, wenn er zur Bezeichnung des behandelten Gegenstandes nicht unumgänglich notwendig und überdies zur Irreführung des Publikums geeignet sei, dem hierdurch Beeinträchtigten einen Anspruch auf Entschädigung begründe. Eine entsprechende Bestimmung enthält demnach auch der Börsenvereinsentwurf, § 5 f., fast gleichlautend der preußische Entwurf für den Norddeutschen Bund, ebenfalls im § 5 f., und sehr abgekürzt der Reichstagsentwurf. Die Reichstagskommission strich die Bestimmung, weil sie glaubte, daß sie nicht in das Gesetz gehöre. „Man kann den Titel einer Schrift nicht selbst wieder als Schriftwerk betrachten, also seine Reproduktiou auch weder als Nachdruck verbieten noch von dem Verbote des Nachdrucks ausnehmen.“[2]) Darin hatte die Reichstagskommission schon recht; aber damit ist die Sache nicht erledigt. Dem Ausschusse sind während seiner Thätigkeit eine ganze Reihe von Klagen über schwindelhafte Nachahmungen von Titeln u. s. w. zugegangen. Da giebt es einen „Kleinen Brehm“, einen falschen „Gartenlaubenkalender“, „Buchholzens in Paris“, einen „Bädeker für Berlin“, Musikstücke mit willkürlich annektierten, an beliebte Komponisten (Strauß, Kontski, Spindler) täuschend anklingenden Autornamen, u. s. w. Ferner wurde über täuschende Nachahmung eigentümlicher Bucheinbände geklagt.

Einigen Schutz gegenüber diesen Mißständen gewährt zunächst das am 1. Oktober 1894 in Kraft getretene Gesetz zum Schutz der Warenbezeichnungen vom 12. Mai 1894. Es bestimmt in § 15, daß, wer zum Zwecke der Täuschung in Handel und Verkehr Waren oder deren Verpackung oder Umhüllung oder An-

---

1) Bei Heydemann und Dambach, Die preußische Nachdruckgesetzgebung, erläutert durch die Praxis des königl. litterarischen Sachverständigenvereins. Berlin 1863, wird S. 311 ff. u. Nr. 56 ein solcher Fall mitgeteilt, in dem kein Nachdruck geistiger Arbeit, sondern eine Kopie des Titels, des Planes und der Ausstattung vorlag, also eine unanständige Konkurrenz. — Einen anderen Fall betraf der Streit zwischen A. H. Payne und Dr. Sabell, Börsenblatt 1868, Nr. 179, 189, 197, 209.

2) Nach französischem Rechte ist der Nachdruck eines charakteristischen Titels verboten. A. W. Volkmann im Börsenblatt 1873, Nr. 160. — Vergl. zu der geschichtlichen Darstellung Dambach a. a. O. S. 22 ff.

kündigungen u. s. w. mit einer Ausstattung, welche innerhalb beteiligter Verkehrskreise als Kennzeichen gleichartiger Waren eines anderen gilt, ohne dessen Genehmigung versieht oder wer zum gleichen Zwecke derartig gekennzeichnete Waren in Verkehr bringt oder feilhält, dem Verletzten zur Entschädigung verpflichtet ist und mit Geldstrafe von 100 bis 300 Mark oder mit Gefängnis bis zu drei Monaten bestraft wird. Daß diese Bestimmung dieses Gesetzes auch auf die hier in Rede stehenden Mißstände Anwendung zu finden hat, ergiebt sich schon daraus, daß schon verschiedene Titel von Zeitungen und Büchern in die Zeichenrolle des kaiserlichen Patentamtes in Berlin eingetragen worden sind.

Eine weitere Hilfe gegen diese Mißstände steht zu erhoffen aus dem dem Reichstag gegenwärtig noch zur Beschlußfassung vorliegenden Gesetzentwurfs über unlauteren Wettbewerb.

Wird diese Hoffnung nicht erfüllt, **so muß der Buchhandel verlangen, daß eine Art gewerblichen Urheberrechts geschaffen werde, für das im Musterschutz und Patentrecht und in dem Schutz bestehender Handelsfirmen und Fabrikzeichen ein Vorbild bereits besteht.** Es müßte die Möglichkeit geboten sein, Titel und andere wertvolle Eigentümlichkeiten litterarischer Erzeugnisse durch Eintragung in eine dazu bestimmte öffentliche Rolle zu schützen. Der Schutz träte also nicht von selbst ein wie der gegen Nachdruck, sondern nur dann, wenn der Berechtigte durch die Eintragung, die mit bestimmten Gebühren verbunden werden könnte, sein Interesse an einem Schutze bezeugte. Natürlich müßte das Einzutragende auch wirklich eigentümlich sein, und die Eintragung dürfte niemanden an der Anwendung bekannter Dinge hindern. Den Titel „Leitfaden der Geographie" würde man nicht patentieren lassen können, wohl aber den des „Kladderadatsch" gegen Benutzung durch andere satirische Zeitschriften oder den Titel „Max und Moritz" nebst dem berühmten Konterfei der beiden gegen täuschende Nachbildung auf anderen Bubengeschichten.

Das Verfahren mit Anmeldung, deren Bekanntmachung, erhobenem Widerspruch, Erteilung und Zurücknahme des gewünschten Schutzes hätten sich durchweg an das Patentverfahren anzulehnen. —

Das österreichische Gesetz vom 26. Dezember 1895 schützt im § 22 Titel und Äußerlichkeiten als ein Urheberrecht. Osterrieth schlägt in seinem beachtenswerten Aufsatze „Urheberrecht und Verlagsrecht"[1]) den Schutz eines Verlagseigentums vor.

---

1) Archiv f. öffentl. Recht, VIII, S. 285—314, abgedr. im Börsenblatt 1893, Nr. 151 u. 154; vgl. dazu eine der Leipziger Zeitung entnommene Besprechung im Börsenblatt 1893, Nr. 214.

4.

Vorschläge zum Reichsgesetz,

betreffend das Urheberrecht an Schriftwerken, Abbildungen, musikalischen Kompositionen und dramatischen Werken. Vom 11. Juni 1870.

I. Schriftstücke.

a. Ausschließliches Recht des Urhebers.

§ 1.

Das Recht, ein Schriftwerk auf mechanischem Wege zu vervielfältigen, steht dem Urheber desselben ausschließlich zu.

Das Gesetz von 1870 behält dem Urheber nur das Recht der Vervielfältigung auf mechanischem Wege vor. Dies stimmt nicht oder nicht mehr mit anderen gesetzlichen Bestimmungen und mit der jetzigen Rechtsanschauung überein, die dem Autor viel weitergehende Rechte zuweisen: dramatische und musikalische Aufführungen, Schutz der Melodie (vgl. zum § 46), Übertragung aus einer Mundart in die Schriftsprache und umgekehrt (vgl. zum § 5), Abschreiben (§ 4), Stellen lebender Bilder nach Gemälden u. s. w. (vgl. zum § 6 des Gesetzes vom 10. Januar 1876). Die Worte **„auf mechanischem Wege“** dürften daher zu **streichen** sein; indes dürfte das bloße Abschreiben zum Privatgebrauch nicht als verbotene Vervielfältigung gelten (vgl. § 4).

Ferner entspräche es der in den letzten Jahrzehnten klar ausgebildeten Rechtsanschauung, zum Ausdruck zu bringen, daß das Recht des Urhebers **zweierlei** sei: **vermögensrechtlicher** und **persönlicher Art.** Der gesetzliche Ausdruck dieser Doppelnatur des Urheberrechts wird zur Beseitigung mancher mißverständlichen Auffassung der Autoren- und der Verlegerrechte dienen.

Es hat dem Ausschusse nicht an Anregung von juristischer Seite gefehlt, er möge zu Gunsten eines an die Spitze des ganzen Gesetzes zu stellenden, das Wesen des Urheberrechts theoretisch ausdrückenden allgemeinen Rechtssatzes Stellung nehmen. Insbesondere sollte der Ausschuß, so wurde vorgeschlagen, ausdrücklich den Wunsch aussprechen, daß die jetzige Trennung im Urheberrecht an Schriftwerken, dramatischen und musikalischen Werken, Werken der bildenden Kunst, Photographien verlassen und der Schutz aller dieser Arbeitszweige durch den an die Spitze zu stellenden, zusammenfassenden Rechtssatz herbeigeführt werde.

Der Ausschuß ist darauf nicht eingegangen. Seine Mitglieder haben selbstverständlich von den verschiedenen Versuchen neuer Rechtskonstruktionen Kenntnis genommen. Der Ausschuß aber hielt es lediglich für seine Aufgabe, dem künftigen Gesetzgeber durch Mitteilung der in der Praxis des Buchhandels entsprungenen Wünsche Kenntnis zu geben. Sollte dereinst ein neuer Gesetzentwurf auf einer neuen Rechtskonstruktion aufgebaut werden, dann wird für den Buchhandel die Zeit gekommen sein, zu prüfen, ob diese Konstruktion mit seinen praktischen Bedürfnissen vereinbar wäre. Bis dahin wird der Buchhandel gut thun, zu Theorien noch keine Stellung zu nehmen, ebensowenig zu der Frage, ob das künftige Gesetz bei der bisherigen Dreiteilung bleiben oder daraus ein einziges machen solle. Doch wog allerdings im Ausschusse die Ansicht vor, daß die Dreiteilung für den praktischen Gebrauch vorzuziehen sei.

Litt. u. a.: Dr. A. Osterrieth, Altes und Neues zur Lehre vom Urheberrecht. Leipzig 1892, S. 61 ff.; Dr. Ph. Allfeld, Die Reichsgesetze, betr. d. litt. u. artist. Urheberrecht. München 1893, S. 12 ff.; G. Scheele, Das deutsche Urheberrecht u. s. w. Leipzig 1892, S. 173; R. Voigtländer, Das Verlagsrecht. Leipzig, 1893, S. 23 ff.

§ 2.

Dem Urheber wird in Beziehung auf den durch das gegenwärtige Gesetz gewährten Schutz der Herausgeber eines aus Beiträgen mehrerer bestehenden Werkes gleich geachtet, wenn dieses ein einheitliches Ganzes bildet.

Das Urheberrecht an den einzelnen Beiträgen steht den Urhebern derselben zu.

In diesem Paragraphen hatte der Börsenvereinsentwurf die Rechte des Verlegers als Bestellers und die Rechte des Unternehmers gewahrt. Es sei auf die bezüglichen Ausführungen S. 17 ff. hingewiesen.

Folgende, von einem Mitgliede vorgeschlagene Erweiterung des jetzigen Wortlautes dürfte eine Verbesserung sein:

Dem Urheber wird in Beziehung auf den durch das gegenwärtige Gesetz gewährten Schutz **gleich geachtet der Herausgeber eines Werkes, welches aus Beiträgen mehrerer besteht und ein einheitliches Ganzes bildet.**

§ 3.

Das Recht des Urhebers geht auf dessen Erben über. Dieses Recht kann beschränkt oder unbeschränkt durch Vertrag oder durch Verfügung von Todeswegen auf andere übertragen werden.

In den Worten beschränkt oder unbeschränkt ist der Hinweis auf die Möglichkeit enthalten, das Urheberrecht nach Ländern abgegrenzt an mehrere Verleger zu übertragen. Dieses **geteilte Eigentumsrecht** kommt im Musikalienverlage — der Eigenschaft des Tonsatzes als Weltsprache gemäß — sehr häufig vor. Bezüglich der Stellungnahme der Gesetzgebung dazu äußerte sich einer der bedeutendsten deutschen Musikalienverleger folgendermaßen:

Als über dieses Gesetz verhandelt wurde, war eine Bestimmung darin über das geteilte Eigentumsrecht. Bei den Verhandlungen haben eben die speziellen Bedürfnisse des Musikalienhandels keinerlei Vertretung gefunden, und von solchen Seiten, die für ein allgemeines Nivellieren waren, wurde es für unnötig, auch vielleicht für schwer durchführbar gefunden, daß man territorial begrenzte Bezirke für ein geteiltes Eigentumsrecht gelten lassen sollte. Es wurden diese Bestimmungen gestrichen und zugleich der Regierung der Wunsch ausgesprochen, daß sie auch bei künftigen internationalen Schutzverträgen das geteilte Eigentumsrecht beseitigen möchte. Dieser theoretische Beschluß hat gar keinen Erfolg gehabt. Im Gegenteil hat das geteilte Urheberrecht sich ganz unbefangen weiter entwickelt, es ist allgemein weiter als fortbestehend angesehen worden, und bei den weiteren Verträgen hat unsere Regierung trotz des entgegenstehenden Auftrages, der damals ausgesprochen war, in der That wieder das **geteilte Eigentumsrecht** anerkannt. **Nun ist es wünschenswert, daß in irgend einer Weise das in einem neuen Gesetze zum Ausdruck käme.**

Diesem Wunsche konnte sich der Ausschuß anschließen.

Im Buchverlag ist das geteilte Verlagsrecht selten, weil der deutsche Buchhandel das gesamte deutsche Sprachgebiet beherrscht und innerhalb desselben der Verleger ein ausschließliches Recht haben muß. Als eine der wenigen Ausnahmen wurde Hiltys „Glück“ (Frauenfeld und Leipzig) genannt. Im Verkehr mit den Vereinigten Staaten von Amerika begünstigt der jetzige Stand der dortigen Gesetzgebung die Teilung des Verlagsrechts in eine deutsche und amerikanische Ausgabe (beide in deutscher Sprache), weil die nicht in den Vereinigten Staaten gedruckten Werke dort ungeschützt sind. Sollten solche Fälle sich mehren, so müßte Vorsorge gegen Einführung der amerikanisch-deutschen Ausgaben in Deutschland getroffen werden, ebenso wie die Tauchnitz'schen Ausgaben englischer Werke nicht nach England gebracht werden dürfen. — In dieser Verbindung mag hier erwähnt werden, daß bei den Ausschußverhandlungen die bittersten Klagen über den deutsch-amerikanischen Litterarvertrag von 1891 laut geworden sind.

Anknüpfend an die viel erörterte Frage, ob eine **Exekution in das Urheberrecht** statthaft sei, wurde der Wunsch ausgesprochen, dies in einem neuen Gesetze nicht mehr zweifelhaft zu lassen, wie in dem von 1870 absichtlich geschehen.

Litt. u. a.: Scheele, a. a. O. S. 11—13; Allfeld, a. a. O. S. 55—59, 290, 340; Dambach, Gesetzgeb. d. Nordd. Bundes. Berlin 1871, S. 36ff.

Als Verbesserung wird endlich folgender Zusatz vorgeschlagen: **Wenn bei einem von mehreren Personen als Miturhebern verfaßten Schriftwerke einer der Urheber ohne Erben stirbt, so geht sein Urheberrecht auf die ihn überlebenden Miturheber über.** Dieser Vorschlag fügt niemandem einen Nachteil zu, klärt aber das Recht der überlebenden Miturheber und entspricht der Billigkeit, da die Überlebenden auch die Pflichten des Verstorbenen (bei neuen Auflagen) zu übernehmen haben würden.

b. Verbot des Nachdrucks.

§ 4.

Jede mechanische Vervielfältigung eines Schriftwerkes, welche ohne Genehmigung des Berechtigten (§§ 1, 2, 3) hergestellt wird, heißt Nachdruck und ist verboten.

Hinsichtlich dieses Verbotes macht es keinen Unterschied, ob das Schriftwerk ganz oder nur teilweise vervielfältigt wird.

Als mechanische Vervielfältigung ist auch das Abschreiben anzusehen, wenn es dazu bestimmt ist, den Druck zu vertreten.

Das Wort **mechanische** im Absatz 1 und 3 dürfte, gemäß dem Vorschlage § 1, zu streichen sein.

Ferner wurde vorgeschlagen, im Absatz 3 dem Abschreiben **andere Kopierverfahren gleichzustellen.** Es würde indessen nicht nötig sein, dies in einem künftigen Gesetze ausdrücklich auszusprechen, falls im § 1 die Worte „auf mechanischem Wege“ dem Vorschlage des Ausschusses gemäß fortfallen.

Als einen ganz erheblichen Übelstand stellen die Musikalienverleger den trotz einiger ihnen günstigen gerichtlichen Erkenntnisse immer von neuem zu bekämpfenden Zweifel dar, inwieweit das Abschreiben von Musikalien (insbesondere von Orchester-, Chorstimmen und Partituren) strafbar sei. Der Ausschuß empfiehlt daher, in dem neuen Gesetze klar zu sagen, **daß jedes Abschreiben u. s. w. dem Nachdruck gleichzuachten ist, wenn die Abschrift nicht zum Privatgebrauch der abschreibenden Person bestimmt ist. Die Verwendung von Abschriften zum Gebrauch von Theater-, Konzertdirektionen, Gesangvereinen u. s. w. ist nicht als Privatgebrauch aufzufassen.**

§ 5.

Als Nachdruck (§ 4) ist auch anzusehen:

a) der ohne Genehmigung des Urhebers erfolgte Abdruck von noch nicht veröffentlichten Schriftwerken (Manuskripten).

Auch der rechtmäßige Besitzer eines Manuskriptes oder einer Abschrift desselben bedarf der Genehmigung des Urhebers zum Abdruck.

b) der ohne Genehmigung des Urhebers erfolgte Abdruck von Vorträgen, welche zum Zwecke der Erbauung, der Belehrung oder der Unterhaltung gehalten sind;

c) der neue Abdruck von Werken, welchen der Urheber oder der Verleger dem unter ihnen bestehenden Vertrage zuwider veranstaltet;

d) die Anfertigung einer größeren Anzahl von Exemplaren eines Werkes seitens des Verlegers, als demselben vertragsmäßig oder gesetzlich gestattet ist.

Absatz a.

Es wird vorgeschlagen, zur Hebung jedes Zweifels dem Absatz a in seinem ersten Teile etwa folgende Fassung zu geben:

a) der ohne Genehmigung des Urhebers erfolgte Abdruck von noch nicht veröffentlichten Schriftwerken (Manuskripten) **aller Art und insbesondere auch von Skizzen und Briefen.**

Die Ansichten, unter welchen Umständen der Empfänger eines Briefes zu dessen Veröffentlichung berechtigt sei, gehen bekanntlich noch ziemlich auseinander. Nach dem geltenden Gesetz ist der Empfänger eines Briefes dessen Eigentümer und kann ihn ungehindert veröffentlichen. Er begeht damit unter Umständen eine Indiskretion; aber er könnte höchstens wegen Beleidigung bestraft werden, die aber selten vorliegen wird. Erinnert wurde an den Fall, daß sogar ein (im Reichstage) entwendeter Brief veröffentlicht wurde mit der Absicht, den Absender und seine Partei zu schädigen. (Inzwischen sind noch die bedauerlichen unbefugten Veröffentlichungen von Briefen bekannter Parlamentarier erfolgt.) Hauptsächlich in den Zeitungen wird vielfach mit Veröffentlichung von Briefen und Handschriften, die nicht für die Öffentlichkeit bestimmt sind, grober Mißbrauch getrieben, um den Briefschreiber bloßzustellen, lächerlich zu machen u. s. w. — Der Ausschuß einigte sich dahin, **daß die Veröffentlichung empfangener Briefe dem Empfänger zur Wahrung berechtigter persönlicher Interessen gestattet sein solle.** Es würde z. B. ein Mann, der im öffentlichen Leben steht und von einem anderen eine Reihe von Briefen empfangen hat, berechtigt sein, im Fall er persönlich in irgend einer Weise angegriffen würde, die auf diese Angelegenheit bezüglichen Stellen der Briefe oder die ganzen Briefe zu seiner persönlichen Verteidigung zu veröffentlichen; er würde aber nicht zur Veröffentlichung berechtigt sein, bloß um etwa einen interessanten Beitrag zur Zeitgeschichte zu liefern oder gar um damit ein Geschäft zu machen.

(Der Börsenvereins-Vorentwurf vertrat denselben Standpunkt [Motive S. 37], der endgiltige Entwurf aber den entgegengesetzten [Motive S. 22].)

Es mag ja sein, daß zuweilen das Verbot der eigenmächtigen Briefveröffentlichung zu Schwierigkeiten praktischer Art führen könnte. Indessen lassen diese sich doch umgehen und sind jedenfalls nicht häufig genug, um ganz im allgemeinen die Schranken zu entfernen, die die Rücksichten auf die Briefschreiber erfordern. So wurde von dem Sachverständigen für das Zeitungswesen darauf aufmerksam gemacht, daß bei Redaktionen sehr viele Briefe, Anfragen u. dergl. einlaufen, bei denen es zweifelhaft sei, ob der Absender die Veröffentlichung gestatte oder nicht. Darauf wurde erwidert, daß von den an eine Zeitung gerichteten Briefen im allgemeinen angenommen werden könne, daß ihre öffentliche Verwertung erlaubt oder erwünscht sei. Im Zweifel habe die Redaktion den Absender zu befragen.

Es gehört übrigens zu den Individualrechten des Autors, daß irgend welche seiner Schriftstücke nicht wider seinen Willen rechtswidrig veröffentlicht werden dürfen. Wenn der zum § 1 ausgesprochene Wunsch berücksichtigt wird, daß das neue Gesetz die Vermögens- und persönlichen Rechte schärfer unterscheide, so wird dieser Absatz a des § 5 ohnedies eine andere Stellung und Fassung erhalten müssen.

Vgl. Dr. Karl Schäfer, Urheberrecht an Geschäftsbriefen, Gutachten, Verträgen, Eingaben in: Nachrichten aus dem Buchhandel 1895, 299.

Hierzu wird eine Erweiterung vorgeschlagen in etwa folgender Form:

b) der ohne Genehmigung des Urhebers erfolgte Abdruck von Vorträgen, welche zum Zwecke der Erbauung, der Belehrung oder der Unterhaltung gehalten sind, **oder von ähnlichen, wenn auch nicht in die Form eines Vortrages gebrachten Geisteserzeugnissen.**

In den Fällen a und b bedarf auch der rechtmäßige Besitzer eines Manuskriptes oder einer Abschrift desselben der Genehmigung des Urhebers zum Abdrucke.

Dem Vorschlag liegt die Anschauung zu Grunde, daß auch bei mangelhafter, unfertiger Form der Inhalt eines Geisteserzeugnisses ausdrücklich geschützt sein solle.

Es kam zur Sprache, wie weit die Presse in der Berichterstattung über Vorträge gehen dürfe, die unter den § 5, b fallen. Es wurde u. a. hingewiesen auf jene Wanderredner, die mit einer kleinen Anzahl wissenschaftlicher Vorträge von Ort zu Ort reisen; diesen müßte eine nur halbwegs ausführliche Wiedergabe ihrer Vorträge in der Presse sehr unlieb sein. Man war der Ansicht, daß scharf zu unterscheiden sei zwischen der Wiedergabe eines Vortrags und der Erstattung eines Berichts über einen Vortrag. Ein Bericht soll erlaubt sein, aber nicht unter dem Vorwande eines Berichts eine Wiedergabe. Diese Unterscheidung sei aber eine thatsächliche Frage im einzelnen Fall, über die der Richter zu befinden habe.

Absätze c und d.

Diese beiden Absätze gaben zu langen Erörterungen Anlaß. Es lag ein Antrag auf Streichung beider vor. Zur Begründung wurde etwa folgendes gesagt:

Beide Absätze betreffen das innere durch einen Verlagsvertrag geschaffene Verhältnis zwischen Autor und Verleger und gehören daher nicht ins Urheber-, sondern ins Verlagsrecht.

Der **Absatz** c, in dem von einem „Nachdruck" des Urhebers gegen den Verleger und umgekehrt die Rede ist, ist außerdem unlogisch. Entweder handelt es sich um einen bestehenden Vertrag oder um einen abgelaufenen. Ist der Vertrag abgelaufen, so ist der bisherige Verleger nicht mehr der Verleger. Es bedarf also gegen ihn keiner anderen Bestimmung als gegen jeden anderen, der sich unerlaubte Eingriffe in das Urheberrecht zu schulden kommen ließe. — Besteht der Vertrag noch und verletzt ihn der Verleger, so ist das als eine Vertragsverletzung im Civilverfahren klagbar. Das Strafverfahren, dem der Absatz c den Verleger aussetzt, ist eine große Härte, denn es bringt den Verleger, der vielleicht nur im Rechtsirrtum gefehlt hat, als Angeklagten vor den Staatsanwalt und Strafrichter. — Giebt der Autor ein Werk in Verlag, an dem ein anderer Verleger ältere Rechte hat, so veranlaßt er den neuen Verleger zur Veranstaltung eines Nachdruckes; dies Vorgehen ist im § 20 getroffen, braucht also nicht im § 5 berücksichtigt zu werden.

Der **Absatz** d betrifft nicht den Fall, in dem der Verleger rechtswidrig zu viel Exemplare gedruckt, durch Honorarhinterziehung den Autor betrogen hat. Dann kommt ohnedies das Strafgesetz wegen Betruges in Anwendung. Hat der Verleger aber im Rechtsirrtum oder aus sonstigem Anlasse zu viel Exemplare gedruckt, ohne daß dem Autor ein Nachteil erwachsen ist oder erwachsen sollte, so ist es — wie oben zum Absatz c schon gesagt — eine große Härte, den Verleger wegen Nachdruckvergehens strafrechtlich zu verfolgen, statt wegen Vertragsverletzung civilrechtlich.

Ferner ist der Absatz schon deswegen unangebracht, weil es unmöglich ist, nicht dagegen zu verstoßen. — Nach § 22 ist das Nachdruckvergehen vollendet, wenn nur ein Exemplar widerrechtlich hergestellt ist, und nach § 4 ist auch die teilweise unerlaubte Vervielfältigung Nachdruck. Wenn also nur ein Exemplar eines Druckbogens über die verabredete Auflage gedruckt wird, was ja die Druckereien immer thun, um durch diesen „Zuschuß" die vollzählige Ablieferung der Auflage zu sichern und den Abgang einzelner beschädigter Bogen zu decken, so ist nach dem Wortlaut von § 5d der Nachdruck vollendet. Daran ändert es auch nichts, wenn der Verleger solche Zuschußexemplare dem Autor anzeigt und honoriert; er hat doch „Nachdruck" nach dem Wortlaut des Gesetzes verübt oder versucht.

Schon im Norddeutschen Reichstage hatte der Abgeordnete Dr. Endemann zu diesem Absatz d bemerkt: „Das ist nach meinem juristischen Dafürhalten Bruch des Verlagsvertrages .... und spielt lediglich in dem inneren Verhältnisse zwischen dem Autor und dem Verleger, nicht aber in dem äußeren Verhältnisse gegen das Gesamtpublikum." — Aug. Schürmann[1]) sagt: „Ohne die Gefahr schlimmster Begriffsverwirrung kann zwischen Autoren und Verlegern, welche im Vertrage stehen, nicht von Nachdruck gesprochen werden. Was im Vertragsverhältnisse vorkommt, ist entweder mehr oder weniger, als was der Vorwurf des Nachdruckes sagen will."

Die so begründete Streichung der Absätze c und d befürwortete auch einer der vom Ausschuß zugezogenen Juristen.

Wenn trotzdem der Ausschuß den Wunsch auf Streichung beider Absätze nicht aussprach, so liegt das nicht daran, daß er sie für richtig hält, sondern er folgte lediglich Zweckmäßigkeitsrücksichten. Er fürchtete durch den Antrag auf Streichung dem leider vorhandenen Mißtrauen der Schriftstellerwelt neue Nahrung zuzuführen. „Die ganze verdienstvolle Arbeit des Ausschusses würde verdächtigt werden," sagte einer der Sachverständigen.

Der Ausschuß begnügt sich daher damit, seine sachlichen Einwände gegen die beiden Absätze auszusprechen. Der Buchhandel wünscht kein Gesetz, das die Verpflichtung des Verlegers zur strengsten Rechtlichkeit gegen seine Autoren irgendwie verdunkelt. Gelingt es, ein künftiges Gesetz so einzurichten, daß diese Verpflichtung klar hervortritt, jene beiden Absätze aber fallen, oder daß entsprechende in ein gleichzeitig zu erlassendes Gesetz über Verlagsrecht kommen, so wird das dem Buchhandel lieb sein. Gelingt das nicht, so mögen sie bleiben. Für den Fall der Beibehaltung des Absatzes d wird wenigstens der Wunsch gestattet sein, daß nur die vorsätzliche Verfertigung einer größeren Anzahl strafbar sein soll; die unwissentliche oder zufällige, insbesondere als Zuschuß bei dem Druck und im Rechtsirrtum erfolgende nur dann, wenn der Verleger sie gegen Entgelt verbreitet. —

1) Rechtsverhältnisse der Autoren und Verleger. S. 253.

Der Ausschuß schlägt aber einige Ergänzungen dieses Paragraphen vor. Als Nachdruck sollen auch bestraft werden, **Bearbeitungen von Romanen, Novellen u. A., sofern sie nicht vollständig freie, selbständige Bearbeitungen sind.**

Die allgemeine Rechtsanschauung geht dahin, daß die Ausplünderung einer fremden Geistesarbeit Unrecht und daß allenfalls nur die freie, selbständige und eigenartige Ausgestaltung eines fremden Gedankens erlaubt sei. Die engere Begrenzung der jetzigen Benutzungsfreiheit wird keine Beschränkung des rechtmäßigen litterarischen Verkehrs zur Folge haben. Wer aber solche Bearbeitungen im Sinne hat, wird mehr als bisher genötigt sein, sich mit dem Verfasser des zu bearbeitenden Werkes zu verständigen.

Litt. u. a.: Allfeld a. a. O. S. 65ff.; Scheele a. a. O. S. 27. Dambach a. a. S. 44 und die dort gegebenen Hinweise.

Ferner sollten künftig als Nachdruck behandelt werden **die Gesamtausgabe der in politischen und anderen Versammlungen, sowie der bei den Verhandlungen des Reichstages und aller anderen Landes-, Kreis- oder Gemeindevertretungen und der bei Gericht gehaltenen Reden ohne Genehmigung des Redners.**

Der § 7, Abs. c und d gestattet den Abdruck von Reden, die bei öffentlichen Verhandlungen aller Art gehalten worden sind. Von jemanden, der im öffentlichen Leben steht, nimmt das Gesetz an, daß er gegen die Berichterstattung über die gesamte Verhandlung, an der er sich beteiligt hatte, nichts einwenden dürfe. Die Verhandlung als solche gehört nicht mehr den Mitwirkenden, sondern der Allgemeinheit an. Dieser Grundsatz mag sich auch erstrecken auf den Nachdruck einzelner, aus dem Zusammenhang der Verhandlung herausgenommener Reden, obwohl dies schon in das Individualrecht des Redners eingreift. Anders aber steht es mit der Gesamtausgabe aller oder vieler Reden eines Redners. Das Interesse der Allgemeinheit an den der Vergangenheit angehörenden Einzelverhandlungen als solchen ist erloschen; das Interesse an der Person ist der alleinige Beweggrund der Veröffentlichung ihrer Reden. Das persönliche Recht des Redners (Autors) an seinen Reden, die doch auch zu seinen „Werken“ gehören, wiegt nun erheblich vor, und es ist kein Grund einzusehen, ihm oder seinen Erben dies Recht zu entziehen.

Vgl. Alb. Osterrieth, Die Reform des Urheberrechts. Berlin 1893, S. 27 zum § 5 seines Entwurfs.

Der Börsenvereinsentwurf hatte endlich in seinem § 2, Absatz d vorgeschlagen, daß auch derjenige gegen Nachdruck zu schützen sei, der **„ein bisher ungedrucktes Werk, auf dessen Schutz gegen Nachdruck zur Zeit niemand Anspruch zu machen berechtigt ist, mit Ge-**

nehmigung des Eigentümers des Manuskripts ganz oder teilweise wieder herausgiebt." Er hatte diesen Vorschlag folgendermaßen begründet:

„Hieran schließt sich noch die Frage über die Rechte eines ersten Herausgebers von herrenlosen Manuskripten, sowie desjenigen, der die neue Textrezension eines gegen Nachdruck nicht mehr geschützten, also Gemeingut gewordenen Druckwerkes herausgiebt. Daß Arbeiten dieser Art unter Umständen mehr Gelehrsamkeit und wissenschaftliche Thätigkeit voraussetzen, als die Bearbeitung vieler eigenen Geisteswerke, sowie daß sie für die Litteratur von größerer Wichtigkeit sein können und sehr häufig sind, bedarf keines näheren Nachweises. Daraus folgt von selbst, daß sie auf Schutz gegen Nachdruck unzweifelhaft Anspruch haben."

Der „Verein der deutschen Musikalienhändler" sagte in einer Eingabe an den Reichskanzler vom 10. Juli 1885 (Börsenblatt 1885, Nr. 214):

„Demungeachtet läßt sich nicht verkennen, daß die Statuierung eines dem Urheberrecht analogen Rechts zu Gunsten der Herausgeber älterer nicht mehr geschützter, insbesondere handschriftlicher Werke, überhaupt zu Gunsten der Veranstalter kritischer und instruktiver Ausgaben seitdem immer mehr als Bedürfnis und das Fehlen dieses Rechtes als Lücke im Gesetz empfunden wird. Prägnant trat dies ganz kürzlich bei der von einer Leipziger Verlagshandlung unternommenen Herausgabe einer deutschen Übersetzung der im Besitze des Königlich Preußischen Staatsarchivs befindlichen und auf Veranstaltung von dessen Direktion von berufener Hand bearbeiteten französischen Memoiren de Catts über dessen Verkehr mit Friedrich dem Großen hervor, indem der Verleger dieser Bearbeitung, welcher sein Recht von der Archivdirektion ableitete, gegen die Herausgeber jener Übersetzung als Nachdruck eines durch Bearbeitung entstandenen schutzberechtigten Werkes des Bearbeiters Prozeß anstrengte, jedoch mit seinem Anspruche schon deshalb, weil das deutsche Urheberrechtsgesetz für die ausschließliche Berechtigung des Herausgebers keinen Raum biete, abgewiesen wurde."

„Ähnliche Fälle sind bei Publikationen musikgeschichtlicher Natur gegeben, so bei Veranstaltung kritischer Gesamtausgaben älterer Meister, deren Werke jedoch erstmalig aus den verborgenen Schätzen deutscher und italienischer Musikarchive hervorgezogen worden. Es ist zu befürchten, daß diese sehr bedeutungsvolle Art litterarischer Produktion, welche als solche, und indem sie das Werk dem litterarischen Verkehr erst vermittelt, immerhin den dem Schutze gegen Nachdruck zu Grunde liegenden Prinzipien nicht fremd sein kann, beim Mangel jeden solchen Schutzes endlich lahmgelegt werden wird."

Es ist also zu unterscheiden:

a) Der Schutz des ersten Herausgebers einer alten, ungedruckten Handschrift, von Schriften und Briefen Verstorbener, deren Urheberrecht erloschen ist.

b) Der Schutz der Ergebnisse kritischer Arbeit, der Textrevisionen, der Herstellung gereinigter Texte.

Neuere Beispiele von Handschriftfunden sind die Mimiamben des Herondas und die neuentdeckte Schrift des Aristoteles, die *Πολιτεία Ἀθηναίων*.

Der Vorschlag des Börsenvereins wurde nicht Gesetz;[1]) die Streitfrage besteht aber heute noch wie damals und sollte in einem neuen Gesetze doch endlich ihre Lösung finden, wie in Frankreich, England, Spanien, der Schweiz, Österreich und ehemals in Bayern.

Der gesunde Rechtssatz früherer Zeit hieß: Was jemand in Buchform der Öffentlichkeit übergiebt, ohne in die Rechte und Freiheiten anderer einzugreifen, ist schutzberechtigt.

Der immer wiederkehrende Einwand, der auch den Absatz im § 5 des Börsenvereinsentwurfs seiner Zeit zum Fall brachte, ist der des Interesses der Wissenschaft an der möglichst baldigen, ja sofortigen Verfügung über einen neuentdeckten Text. Daß erste Ausgaben eine Zeitlang, auch nur wenige Jahre, von niemand mehr abgedruckt werden sollten, wäre eine unerträgliche Belästigung und Schädigung der gelehrten Forschung. Inzwischen hätten sich in allen Werken, die das neuentdeckte Werk benutzten, die falschen Lesarten, die gröbsten Irrtümer festgesetzt.

Dem berechtigten Interesse der Wissenschaft dürfte ein Vorschlag von Otto Bähr[2]) Rechnung tragen. Auch dem buchhändlerischen Interesse entspricht er und sei deshalb wörtlich mitgeteilt. Er lautet:

§ a.

Unabhänig von dem Rechte des Urhebers hat der Eigentümer einer ein Schriftwerk enthaltenden Handschrift[3]) ein Recht darauf, daß diese Handschrift nicht ohne seine Gestattung zur Vervielfältigung des Schriftwerkes benutzt werde. Zuwiderhandlungen gelten als Nachdruck, den der Eigentümer der Handschrift zu verfolgen berechtigt ist. Etwa noch bestehende Rechte des Urhebers bleiben daneben vorbehalten.

§ b.

Hat der Eigentümer oder mit seiner Gestattung ein anderer die Handschrift durch den Druck vervielfältigt, so wird diese Herausgabe auf Antrag des Eigentümers oder des Herausgebers innerhalb eines Zeitraumes von zehn Jahren nach dem Erscheinen gegen Nachdruck geschützt.

§ c.

Handelt es sich um eine Handschrift, deren Herausgabe durch eine wissenschaftliche Bearbeitung bedingt ist, so ist der Eigentümer durch die Gestattung einer Herausgabe nicht gehindert, eine neue Herausgabe zu veranstalten oder deren Veranstaltung einem dritten zu gestatten.

---

1) Die Ursachen sind angegeben von Dambach a. a. O. S. 56.

2) Dr. O. Bähr, Hat der Eigentümer einen Anspruch auf Schutz gegen Vervielfältigung eines ihm gehörigen Schrift- oder Kunstwerkes? (im Archiv f. bürgerl. Recht VII, abgedr. i. Börsenbl. 1893, 65). — Anders spricht sich aus Dr. J. Kohler, Ist ein Autorschutz bei Herausgabe eines Ineditums zu befürworten? (in der Zeitschr. f. d. Privat- u. öffentl. Recht XV, S. 207ff.).

3) Dieser etwas schwerfällige Ausdruck ist gewählt, weil meines Erachtens nicht jede Handschrift ein „Schriftwerk“ im Sinne des Nachdruckgesetzes enthält (Anm. von Bähr).

Die neue Herausgabe gilt im Verhältnis zu der früheren nicht als Nachdruck, wenn sie als selbständiges wissenschaftliches Werk sich darstellt.

Auch wird durch die einem anderen gestattete Herausgabe einer Handschrift der Eigentümer nicht gehindert, photographische Nachbildungen der Handschrift herstellen zu lassen.

§ d.

Den in § b angeordneten Schutz genießen auch bereits herausgegebene Werke neu erscheinenden Herausgaben gegenüber, wenn die zehnjährige Schutzfrist noch nicht abgelaufen ist.

Es wurde die Frage aufgeworfen, ob dem Bedürfnis nicht genügt werde nur durch den Schutz bisher unveröffentlichter Handschriften, so daß also die Neuherausgaben bereits veröffentlicht gewesener Werke (zu denen auch Handschriften griechischer und römischer Klassiker gerechnet würden, weil sie im Altertum schon einmal veröffentlicht gewesen waren) nicht geschützt würden. **Diese Frage wurde verneint, also der Schutz für beide Arten von Werken als wünschenswert bezeichnet.**

Endlich sollten ausdrücklich als Nachdruck bezeichnet werden **Übertragungen aus einer Mundart in die Schriftsprache und umgekehrt.**

Der Ausschuß schließt sich der in der Litteratur vertretenen Ansicht an, daß solche Übertragungen nicht als Übersetzungen, sondern als Nachdruck zu betrachten seien. Er that dies schon deshalb, weil ein Werk gegen Übersetzung nur kurze Zeit geschützt wird, also ein plattdeutscher Roman sehr bald ins Hochdeutsche „übersetzt" werden dürfte, was die Interessen des Autors und Verlegers gröblich verletzen würde.

Vgl. u. a. Allfeld a. a. O. S. 86; Scheele a. a. O. S. 12; Dambach a. a. O. S. 76.

§ 6.

Übersetzungen ohne Genehmigung des Urhebers des Originalwerkes gelten als Nachdruck:

a) wenn von einem, zuerst in einer toten Sprache erschienenen Werke eine Übersetzung in einer lebenden Sprache herausgegeben wird;

b) wenn von einem gleichzeitig in verschiedenen Sprachen herausgegebenen Werke eine Übersetzung in einer dieser Sprachen veranstaltet wird;

c) wenn der Urheber sich das Recht der Übersetzung auf dem Titelblatt oder an der Spitze des Werkes vorbehalten hat, vorausgesetzt, daß die Veröffentlichung der vorbehaltenen Übersetzung nach dem Erscheinen des Originalwerkes binnen einem

Jahre begonnen und binnen drei Jahren beendet wird. Das Kalenderjahr, in welchem das Originalwerk erschienen ist, wird hierbei nicht mitgerechnet.

Bei Originalwerken, welche in mehreren Bänden oder Abteilungen erscheinen, wird jeder Band oder jede Abteilung im Sinne dieses Paragraphen als ein besonderes Werk angesehen, und muß der Vorbehalt der Übersetzung auf jedem Bande oder jeder Abteilung wiederholt werden.

Bei dramatischen Werken muß die Übersetzung innerhalb sechs Monaten, vom Tage der Veröffentlichung des Originals an gerechnet, vollständig erschienen sein.

Der Beginn und beziehungsweise die Vollendung der Übersetzung muß zugleich innerhalb der angegebenen Fristen zur Eintragung in die Eintragsrolle (§§ 39 ff.) angemeldet werden, widrigenfalls der Schutz gegen neue Übersetzungen erlischt.

Die Übersetzung eines noch ungedruckten gegen Nachdruck geschützten Schriftwerkes (§ 5 Littr. a und b) ist als Nachdruck anzusehen.

Übersetzungen genießen gleich Originalwerken den Schutz dieses Gesetzes gegen Nachdruck.

Es ist zu wünschen, daß **das Verbot von Übersetzungen nicht mehr an Förmlichkeiten gebunden** werde. Deren Erfüllung liegt jetzt den Berechtigten als eine lästige Pflicht ob, ohne daß damit ein berechtigtes Interesse anderer Personen gewahrt würde. Die versehentlich unterlassene Nichterfüllung dieser Förmlichkeiten kommt vielmehr Nichtberechtigten zu gute.

Ferner sollen **Übersetzungen nicht veröffentlichter Schriften verboten** sein, ein Wunsch, der nach dem zum § 1 vom Individualrecht des Autors und zum § 4 Gesagten keiner weiteren Erläuterung bedarf.

In Schriftstellerkreisen wird neuerdings (z. B. vom Schriftstellertage in München, 1893) das ausschließende Übersetzungsrecht, also das Verbietungsrecht anderer Übersetzungen, als ein (international) unbeschränktes (und ewiges) Urheberrecht in Anspruch genommen. Wenn das geltendes Recht wäre, so dürfte man in Deutschland heute Calderon oder Shakespeare nicht übersetzen.

Es ist vielleicht nützlich, demgegenüber darauf hinzuweisen, daß das Verbietungsrecht von Übersetzungen eines Werkes ein bis in die neuere Zeit sehr zweifelhaft gewesenes Autorrecht ist. Noch die Motive zum § 6 des Börsenvereinsentwurfs, Abschn. IX, halten Übersetzungen für selbständige Arbeiten, nicht für eine unter ein Nachdruckgesetz gehörende mechanische Vervielfältigung. Demnach lasse sich die Statthaftigkeit von Übersetzungen nicht in Abrede stellen. Je treuer und vollendeter eine Übersetzung sei, desto größer müsse die geistige Thätigkeit und Anstrengung des Übersetzers gewesen sein.

(Daß die Übersetzung ein neues Werk sei, ist nur in demselben Verhältnis richtig, in dem etwa ein Kupferstich dem nachgebildeten Gemälde gegenüber ein neues Werk ist. Gewiß sind gute Übersetzungen und gute Stiche Kunstwerke für sich, aber doch immer nur eine neue Form des Ursprungswerkes, in dessen Rechtsbereich sie eingreifen.)

Aus Nützlichkeits- und Billigkeitsgründen kam damals doch der Börsenvereinsentwurf auf einen zeitlich beschränkten und an bestimmte Förmlichkeiten geknüpften Schutz im Inlande.[1])

Übersetzungen ausländischer Werke sind durch Verträge und seit 1886 durch die Berner Konvention verboten. Daß man über die darin festgesetzte zehnjährige Verbietungsfrist hinausgehen wird, ist zunächst unwahrscheinlich. Das Interesse, welches das eine Volk daran hat, die Litteratur eines anderen durch Übersetzungen sich zugängig zu machen, ist so schwerwiegend, daß ein zeitlich begrenztes Verbietungsrecht schon ein großes Zugeständnis ist. Dazu kommt noch, daß die eine vom Verfasser erlaubte Übersetzung sehr erhebliche Mängel haben kann. Wenn er die Sprache der Übersetzung nicht ausreichend beherrscht, so kann er nicht ihre Güte beurteilen. Die einmal gestattete mangelhafte Übersetzung schließt aber zum Schaden der Lesewelt eine bessere aus.

Das deutsche Gesetz hat es nur mit inländischen Übersetzungen inländischer Werke zu thun. Der Ausschuß ist der Ansicht, daß die **Schutzfrist von 5 auf 10 Jahre erhöht** werden soll, um die Gleichheit mit der Frist der Berner Konvention herzustellen. An sich ist die Länge dieser Frist dem Buchhandel ziemlich gleichgiltig. Was übersetzt werden kann und soll, wird in den allerersten Jahren nach Erscheinen des Ursprungwerkes übersetzt; ob das Verbietungsrecht nun 5, 10, 15 Jahre dauert, ist von wenig Belang.

Abgesehen von diesem mehr formalen Wunsche, hat der Buchhandel keinen Anlaß, Änderungen des jetzigen Rechtszustandes zu wünschen (vgl. § 15).

Nur wäre der Absatz b so zu vervollständigen:

b) wenn von einem **im Deutschen Reiche** gleichzeitig in verschiedenen Sprachen herausgegebenen Werke eine Übersetzung in einer dieser Sprachen veranstaltet wird;

---

1) Eine sehr interessante Abhandlung über die damalige Auffassung findet sich in: „Denkschriften über den internationalen Rechtsschutz gegen Nachdruck zwischen Deutschland, Frankreich und England, auf den Beschluß der Hauptversammlung des Börsenvereins der Deutschen Buchhändler vom 14. Mai 1854 beraten und abgefaßt von dem dazu statutenmäßig erwählten Ausschusse. Als Manuskript für die Mitglieder des Börsenvereins.“ 1855. 4°.

Es ist kürzlich ein Werk von Ibsen gleichzeitig in Norwegen und in Deutschland, veröffentlicht worden[1]), dort norwegisch, hier deutsch. Der Verleger der deutschen Ausgabe beanspruchte auf Grund des § 6 b ein Verbietungsrecht anderer deutschen Übersetzungen, während Norwegen doch mit Deutschland nicht im Litterarvertrage steht. Die Auffassung des deutschen Verlegers von Ibsen läßt sich nach dem Buchstaben des jetzigen Gesetzes verteidigen. Der Ausschuß war aber der Ansicht, daß diese Auslegung sowohl dem Sinn des Gesetzes wie den Interessen Deutschlands entgegen sei. Wenn jene Auslegung rechtens würde, so hätte ein Land wie Norwegen sehr wenig Interesse mehr, mit Deutschland einen Litterarvertrag zu schließen. Beim Erlaß des Gesetzes vom 11. Juni 1870 hat hinsichtlich des § 6 b gewiß niemand anderes beabsichtigt, als daß die Ausgaben, die gleichzeitig in verschiedenen Sprachen herausgegeben werden können, in Deutschland erschienen sein müssen.

Zu erwähnen ist noch die jetzt vom Gesetz offen gelassene Möglichkeit von Rückübersetzungen. Ein z. B. ins Französische übersetzter Roman ist gegen Rückübersetzung nur die zehn Jahre der Berner Konvention geschützt; dann könnte die Rückübersetzung ins Deutsche in Deutschland dem dort verlegten Ursprungswerk zur Seite treten. Wenn der Rückübersetzung eine selbständige und künstlerische Form gegeben werden sollte, die sie von dem Ursprungswerke unterscheidet, vielleicht vorteilhaft unterscheidet, könnte sogar von einer gewissen Berechtigung geredet werden. Es kommt aber nicht bloß auf die Form an, wurde mit Recht entgegnet, sondern wesentlich ist auch die Reihe der Situationen, der Szenen, des ganzen Aufbaues und Gedankenganges.

Es ist zwar anzunehmen, daß die Rechtsprechung schon jetzt Rückübersetzungen verurteilen würde (vgl. Allfeld a. a. O. S. 86). Der Ausschuß wünscht jedoch, falls ein Zweifel darüber bestehen könne, in dem neuen Gesetze ausdrücklich erklärt zu sehen, daß **Rückübersetzungen als Nachdruck anzusehen** seien.

c. Was nicht als Nachdruck anzusehen ist.

§ 7.

Als Nachdruck ist nicht anzusehen:

a) das wörtliche Anführen einzelner Stellen oder kleinerer Teile eines bereits veröffentlichten Werkes oder die Aufnahme bereits veröffentlichter Schriften von geringerem Umfang in ein größeres Ganzes, sobald dieses nach seinem Hauptinhalt ein selbständiges wissenschaftliches Werk ist, sowie in Sammlungen, welche aus

---

1) Vgl. Nachrichten aus dem Buchhandel 1894 Nr. 55, 57, 62, 66. 1895 Nr. 3, 14, 17, 19, 25, 33, 40.

Werken mehrerer Schriftsteller zum Kirchen-, Schul- und Unterrichtsgebrauch oder zu einem eigentümlichen litterarischen Zwecke veranstaltet werden. Vorausgesetzt ist jedoch, daß der Urheber oder die benutzte Quelle angegeben ist;

b) der Abdruck einzelner Artikel aus Zeitschriften und anderen öffentlichen Blättern mit Ausnahme von novellistischen Erzeugnissen und wissenschaftlichen Ausarbeitungen, sowie von sonstigen größeren Mitteilungen, sofern an der Spitze der letzteren der Abdruck untersagt ist;

c) der Abdruck von Gesetzbüchern, Gesetzen, amtlichen Erlassen, öffentlichen Aktenstücken und Verhandlungen aller Art;

d) der Abdruck von Reden, welche bei den Verhandlungen der Gerichte, der politischen, kommunalen und kirchlichen Vertretungen, sowie der politischen und ähnlichen Versammlungen gehalten werden.

Absatz a.

Sammlungen (oder Anthologien) sind eine häufige Form litterarischer Erscheinungen und einer der wichtigsten Gegenstände buchhändlerischen Vertriebes. Sammlungen von Abschnitten in Prosa und Poesie in Schullesebüchern, von Kirchenliedern in Gesangbüchern, von anderen Liedern in Liederheften und Kommersbüchern sind unentbehrlich. Deswegen ist ihr Zustandekommen gesetzlich von der Zustimmung der Autoren der einzelnen Lieder, Lesestücke u. s. w. unabhängig gemacht worden; es konnte das um so eher geschehen, als von einer Schädigung der Autoren durch diese Form der Sammelwerke nicht ernstlich die Rede sein kann. Indes sei erwähnt, daß das norwegische Gesetz von 1893 die Aufnahme einer Einzelarbeit in solche Sammlungen erst zehn Jahre nach ihrem Erscheinen gestattet.

Weniger ungeteilt sind die Ansichten über die Berechtigung derjenigen Sammlungen, die nach der Sprache des Gesetzes „zu einem eigentümlichen litterarischen Zwecke“ veranstaltet werden.

Diese Zulassung ist aus dem österreichischen Gesetze von 1846 (§ 5) in den Börsenvereinsentwurf und in das deutsche Gesetz übergegangen. Schon Eisenlohr sagte in seinen kritischen Briefen zum Börsenvereinsentwurfe (Akten, Bl. 345): „Was wird unter diesem Aushängeschild (des eigentümlichen litterarischen Zweckes) nicht alles geboten werden!“ Jolly schlug vor (Akten, Bl. 368), die fragliche Benutzung litterarischer Erzeugnisse zu gestatten, soweit sie nicht der Hauptsache nach in eine bloß mechanische Vervielfältigung ausarte. Die Reichstagskommission strich die Bestimmung, weil den Autoren ein nicht unerheblicher Schaden erwachsen könne, wenn gerade ihre besten Gedichte u. s. w. in Anthologien aufgenommen würden; der Reichstag aber stellte sie wieder her.

Der Ausschuß hat ganz ausführlich sich über das Für und Wider von neuem Rechenschaft gegeben, ist aber zu dem Ergebnis gekommen, daß es **nicht wünschenswert sei, an dem jetzigen Rechtszustande Wesentliches zu ändern.** Man verhehlte sich keineswegs, daß hinter dem „eigentümlichen litterarischen Zwecke" sich manche an Nachdruck hart angrenzende Geschäftsunternehmung, von geringer oder keiner Bedeutung für die Litteratur, versteckt habe und noch verstecken werde. Aber eine weit größere Anzahl sehr erfreulicher und nützlicher Sammlungen, insbesondere lyrischer Poesie, sind durch jene gesetzliche Verstattung ermöglicht worden, auch solche, die unbekannte Autoren erst bekannt gemacht und so ihnen genützt haben.

Auch nach einem genaueren Ausdruck als „eigentümlicher litterarischer Zweck" wurde gesucht. Der Ausschuß fand keinen und mußte sich damit trösten, daß sein Vorgänger von 1857 für den Börsenvereinsentwurf trotz sehr langer Debatten ebenfalls nichts Besseres finden konnte, und inzwischen andere, gelehrtere Leute auch nicht.

Die einzige sachliche Änderung, die der Ausschuß zu dem Absatz a vorzuschlagen hat, ist die, **daß die Entlehnung aus einem anderen Werke weder ein Fünfzehntel von dem Umfang des benutzten noch ein Fünfzehntel von dem Umfange des benutzenden Werkes überschreiten dürfe.**

Dieses Maß entspricht einer Übung, die sich im preußischen litterarischen Sachverständigenverein seit lange gebildet hat. Es wurde entgegnet, daß eine solche zu nichts verpflichtende, selbst geschaffene Regel in der Thätigkeit der Sachverständigenvereine zweckmäßig sein möge, im Gesetz aber leicht zu Härten oder zu einer Verknöcherung führen könne. Es überwog aber trotz der nicht abzuleugnenden Bedenken die Meinung, daß eine sichere gesetzliche Grenze denen, die Sammlungen veranstalten, nur willkommen sein könne.

Der Schlußsatz: „Vorausgesetzt ist jedoch, daß der Urheber oder die benutzte Quelle angegeben ist" hat zu Mißverständnissen geführt. Man hat daraus geschlossen, daß infolge der Unterlassung der Quellenangabe die Anführung als Nachdruck zu bestrafen sei. Das meint aber das Gesetz nicht, sondern bedroht die Unterlassung nur im § 24 mit einer Ordnungsstrafe. Das sollte in dem künftigen Gesetze klarer sein.

Sprachlich ist die Gegenüberstellung von Schriften „geringeren Umfanges" und einem „größeren Ganzen" zu rügen.

Absatz b.

Diesen Absatz hält der Ausschuß für einen der bedenklichsten des ganzen Gesetzes, weil damit ein ausgedehnter Unfug getrieben wird.

Er ermöglicht die Existenz einer großen Anzahl von großen, kleinen und kleinsten Zeitungen, die lediglich von Raub und Plünderung anderer Blätter leben. Je gründlicher das künftige Gesetz diesem Unfug steuern kann, einen um so besseren Dienst wird es dem Volke und dem ehrenhaften Geschäftsbetrieb leisten.

Der Ausschuß schlägt vor, den Zeitungen und Zeitschriften nur zu gestatten den Abdruck **thatsächlicher Mitteilungen** und **Nachrichten** sowie von **Äußerungen zu politischen Tagesfragen** (Leitartikeln, Korrespondenzen u. dgl.) und dies auch **nur unter deutlicher, jeden Zweifel ausschließender Angabe der Quelle.**

Er wünscht also auch ohne Anbringung der jetzt für jeden einzelnen Artikel vorgeschriebenen Vorbehalte verboten zu sehen, insbesondere den Nachdruck aller feuilletonistischen Arbeiten und die Ausplünderung der Witzblätter durch Zeitungen. Daß vielen Zeitungen dies Verbot zunächst sehr unbequem sein würde, ist sicher. Aber es werden sich sehr schnell Quellen öffnen, aus denen die Zeitungen für wenig Geld auf redliche Weise beziehen können, was sie jetzt anderen Blättern eigenmächtig entnehmen. Jedenfalls sollte den bestehenden mit unseren Rechtsbegriffen schwer vereinbarlichen Zuständen ein Ende gemacht werden. Dazu gehört auch die Verpflichtung zu deutlicher Quellenangabe; bei vielen Zeitungen besteht jetzt die Gewohnheit, die Quelle nur mit ein paar Anfangsbuchstaben zu bezeichnen, die den Lesern ein Rätsel sind.

In diesem Zusammenhang wäre noch zu erwähnen die Ausplünderung von und durch Zeitschriften angeblich im wissenschaftlichen Interesse. Der Absatz vieler Bücher wird in der That dadurch ganz erheblich geschädigt. Die Zeitungsleser begnügen sich mit dem Auszuge; das Buch bleibt ungekauft. Das Bedürfnis der Presse zur Berichterstattung ist ein unermeßliches; es werden immer neue Lebensgebiete hineingezogen, natürlich auch jede halbwegs interessante Äußerung, die in Buchform erscheint. Als ein bezeichnendes Beispiel aus unzähligen wurde die Ausplünderung der Schrift von Gustav Freytag: „Der Kronprinz und die deutsche Kaiserkrone“ angeführt.

Zum **Absatz c)** und **d)** vergl. das zum § 5 über Gesamtausgaben von Reden Gesagte. Es kam dabei auch der Unfug zur Sprache, der mit der Berichterstattung über Gerichtsverhandlungen verübt wird, ein Unfug, der schon viele Menschen, die ein an sich geringfügiger Fehler, ein unglücklicher Zufall oder fremde Bosheit vor Gericht führte, tief unglücklich gemacht oder ihnen schweren Schaden gebracht hat. Der Ausschuß bedauert, in einem Gesetz über Urheberrecht keine bezüglichen Reformvorschläge machen zu können; solche gehören zum Preßgesetz oder zur Prozeßordnung.

Sollte der zum § 5 gemachte Vorschlag, plagiatorische Bühnenbearbeitungen von Romanen, Novellen u. s. w. zu verbieten, im neuen Gesetz eine Stelle finden, so dürfte sich im § 7 die Gestattung **freier dramatischer Bearbeitungen** empfehlen.

d. Dauer des ausschließlichen Rechtes des Urhebers.

§ 8.

Der Schutz des gegenwärtigen Gesetzes gegen Nachdruck wird, vorbehaltlich der folgenden besonderen Bestimmungen, für die Lebensdauer des Urhebers (§§ 1 und 2) und dreißig Jahre nach dem Tode desselben gewährt.

Die Einsetzung einer Schutzfrist ist eine Eigentümlichkeit der neueren Gesetzgebung. Erst im Jahre 1844 verließ Sachsen, als einer der letzten deutschen Staaten, den Grundsatz des sogenannten ewigen Verlagsrechts, das, allerdings thatsächlich durch den zwischenstaatlichen Nachdruck unwirksam gemacht, bis zum Beginn unseres Jahrhunderts gegolten hatte.

Der in Deutschland eingeführten Schutzfrist von 30 Jahren liegt offenbar der Gedanke zu Grunde, das Urheberrecht auf die Lebensdauer des Urhebers und auf die durchschnittliche der nächsten Generation zu schützen. Das ist sinnreich und zweckmäßig. Mittlerweile wurde die dreißigjährige Frist, insbesondere in Schriftstellerkreisen, als zu kurz empfunden; in einzelnen Fällen, z. B. in dem von Robert Schumann [1]) war sie es unzweifelhaft. Ungarn, Frankreich, Portugal, Rußland schützen ihre Autoren 50, Spanien 80 Jahre. In dem Bestreben, auch in Deutschland eine Verlängerung der Frist herbeizuführen, ging man sogar so weit, jede zeitliche Begrenzung des Schutzes zu verwerfen. So nahm der Schriftstellertag in München im Jahre 1893 mit dem von Dr. Albert Osterrieth verfaßten Entwurfe eines Gesetzes über das geistige Eigentum den Grundsatz seiner *immerwährenden* Dauer an.

Der Buchhandel kann die gegen die dreißigjährige Schutzfrist gerichteten Angriffe nicht mitmachen.

Die geltende Frist erstreckt sich bei lange lebenden Autoren bis nahe an 100 Jahre nach dem Erscheinen ihrer ersten Werke; durchschnittlich mag sie 50—60 Jahre betragen. Das ist ein Zeitraum, der die Lebensfähigkeit der großen Mehrzahl aller erscheinenden Bücher bei weitem überdauert. Der unwandelbaren, ein halbes Jahrhundert und länger in erheblichem Maße absatzfähigen, also zum Nachdruck reizenden und einen Vermögenswert bildenden Werke giebt es nur wenige. Die bekannte Reclamsche Universalbibliothek, die so ziemlich alles in sich vereinigt, was zu dem Preise von 20 Pfennig für das Bändchen noch Abnehmer findet, hatte 1895 unter ihren r. 3300 Nummern 474 schöngeistige Werke, einschließlich der altdeutschen, die nachdruckfrei sind. Das ist also alles, was aus der ganzen älteren schöngeistigen deutschen Litteratur jetzt noch verlagsfähig ist. Die große

1) Schumann starb 1856; seine jetzt noch lebende Gattin verlor also vom 1. Januar 1887 ab ihre Rechte an den Werken ihres Mannes

Mehrzahl aller erscheinenden Bücher reizt überhaupt niemanden zum Nachdruck, und viele andere, selbst wissenschaftliche Werke ersten Ranges, endlich die meisten der einem praktischen Zwecke dienenden Bücher veralten binnen wenigen Jahren oder Jahrzehnten. Überdauern solche Werke das Leben ihres Verfassers, so müssen sie von einem anderen Verfasser dem wandelbaren Bedürfnisse neu angepaßt werden. An dessen Zuarbeit erwächst ein neues Urheberrecht, also auch eine neue Schutzfrist, die thatsächlich, wenn auch nicht rechtlich, die älteren, an sich nachdruckfreien Bestandteile mit schützt. So ist z. B. das bekannte Buch von Ammon, „die Mutterpflichten" seit einigen Jahren nachdruckfrei, d. h. es darf so nachgedruckt werden, wie es Ammon bei seinem Tode 1861 hinterlassen hat. Inzwischen hat das Buch in dem alten Verlage viele und gute Neubearbeitungen erfahren, denen der Nachdruckverleger gleichwertige entgegenstellen müßte, um nur den Versuch wagen zu können, mit Aussicht auf Erfolg auf dem Markte zu erscheinen. Die Gefahr einer Beeinträchtigung des ersten Verlegers ist also nicht groß, wie auch in dem angeführten Falle der Erfolg einer Konkurrenzausgabe gezeigt hat. Wohl aber entsteht in solchen Fällen eine andere Frage: Die Zuarbeit des Bearbeiters kann nach und nach der noch verbleibenden Arbeit des Verfassers so überlegen werden, daß diese die innere Berechtigung allmählich verliert, an den Erträgnissen des Buches weiter teilzunehmen. Das Recht der Erben muß in Rücksicht auf die an dem Verlagsrecht Mitbeteiligten einmal sein Ende haben!

Also die Anhänger einer erheblichen Verlängerung der bestehenden Schutzfrist überschätzt deren Wirkungen.

Auf die Güte und Menge der Litteratur würde die Verlängerung gar keinen Einfluß haben; nur in ganz wenigen Fällen würden die Erben von Autoren und ihre Verleger ihr Einkommen erhöht sehen, in noch wenigeren geschähe dies mit innerer Berechtigung. Dagegen giebt es eine Anzahl Autoren, die 30 Jahre nach ihrem Tode noch halbwegs bekannt sind und in wohlfeilen Ausgaben noch gekauft werden, aber nicht mehr in teuren; sind wohlfeile vor 50 Jahren nicht möglich, so ist das Interesse an solchen Autoren ganz erloschen und dann auch nicht mehr zu erwecken. In solchem Falle wäre eine mehr als dreißigjährige Schutzfrist gegen die Interessen aller, der Lesewelt, des Buchhandels und des Autors.

Der Buchhandel hat also nach der Meinnng des Ausschusses keine Ursache, eine Verlängerung der Schutzfrist zu befürworten; viel mehr Interesse daran hat der Musikalienverlag, weil allerdings Werke der Musik länger verlagsfähig bleiben können, als Bücher.

Sollte trotzdem eine Verlängerung der Schutzfrist (etwa auf höchstens 50 Jahre) beschlossen werden, so müßte der Buchhandel voraussetzen, daß die Fortdauer der bestehenden Verlagsverträge (s. u.) nicht seinen Interessen zuwider geregelt wird. Die Verlängerung auf 50 Jahre ergäbe einen durchschnittlichen

Schutz von 70—80 Jahren nach dem Erscheinen, in einzelnen Fällen bis zu 120 Jahren, also eine so lange Frist, daß ihre praktische Bedeutung selbst die Anhänger des ewigen Verlagsrechts zufrieden stellen könnte. Gegen dessen Wiedereinführung erklärt sich der Ausschuß ganz entschieden, weil sie eine Wohlthat in eine Plage verwandeln würde.

Im Falle einer Verlängerung der Schutzfrist entstände die wichtige Frage, wem die Vorteile der Verlängerung zukommen sollen, dem Autor oder dem Verleger.

Das schweizerische Gesetz von 1883 bestimmt im § 20 ausdrücklich, daß der Nutzen durch Zuwachs dem Autor oder dessen Erben, nicht aber dem Verleger oder dessen Cessionar zu gute kommen soll. Ebenso das portugiesische Gesetz. Die Verfasser des Entwurfs einer Verlagsordnung im deutschen Schriftstellerverband haben kurz entschlossen alle Vorteile einer Verlängerung dem Autor, alle Nachteile dem Verleger zugedacht.[1]) Auch Klostermann, Kohler, Reuling sind ähnlicher Ansicht.

Die bisher zu Tage getretene Meinung über diesen Punkt ist also den Verlegern nicht günstig.

Der Ausschuß kam jedoch nach eingehender unparteiischer Prüfung aller Verhältnisse, insbesondere auch unter Abwägung der Autoreninteressen, zu anderen Ergebnissen.

Wird ein noch bestehendes Urheberrecht verlängert, so kommen drei Gruppen von Rechtsbeziehungen zwischen Autor und Verleger in Betracht.

a) Der Vertrag behält dem Autor das Recht künftiger Auflagen vor. Dieser Fall erledigt sich durch die den Erben zustehende freie Entschließung von selbst; doch dürften sie nicht eher zu neuen Auflagen berechtigt sein, ehe die letzte rechtmäßige des bisherigen Verlegers verkauft ist.

b) Der Verleger hat das Recht zu allen Auflagen, aber mit fortlaufender Honorarverpflichtung. In diesem Fall sind die Interessen beider Teile gewahrt, wenn der Vertrag einfach auf die Dauer der neuen Schutzfrist verlängert wird. Dafür ist auch Osterrieth (Archiv f. öff. Recht VIII, S. 304 ff.).

c) Der Verleger hat das Recht zu allen Auflagen durch Zahlung einer Pauschsumme erworben. Dies ist der am schwierigsten zu regelnde Fall, denn bei einem noch gangbaren Werke erwüchse allerdings, wenn nicht besondere Bestimmungen getroffen werden, dem Verleger durch Ausdehnung des Schutzes ein Vorteil, den Rechtsnachfolgern des Autors keiner. Osterrieth (a. a. O.) will daher den Verleger zu neuen Honorarzahlungen verpflichtet wissen; komme eine Einigung nicht zustande, so sei der Vertrag aufzulösen!

---

1) Entwurf eines Gesetzes über den Verlagsvertrag, § 51. Deutsche Presse 1891, Nr. 19.

Es hat nicht an Stimmen gefehlt, die zwar einen Pauschsummenvertrag weiterbestehen lassen, den Verleger aber zu einer Nachzahlung verpflichtet sehen wollen. Auf den ersten Blick hat diese Ansicht etwas Bestechendes, weil sie den Interessen beider Teile gerecht zu werden scheint. Indessen scheint dies nur so.

Der Ausschuß ließ sich von folgenden Erwägungen leiten.

Wenn man aus Billigkeitsgründen dem Verleger bei Verlängerung der Schutzfrist eine Nachzahlung auferlegen will, so geböte die Logik, bei einer Verkürzung der Frist die Erben zu entsprechender Rückzahlung zu verpflichten. Ein solches Ansinnen würde aber voraussichtlich von der Schriftstellerwelt mit Entrüstung zurückgewiesen werden; in der That kann davon auch gar keine Rede sein. Aber dann ist auch die Forderung einer Nachzahlung des Verlegers ungerechtfertigt.

Die Juristen, die das befürworten, kommen dazu auf Grund der modernen einseitigen Urheberrechtslehre, die in dem Verleger lediglich den Beauftragten des Autors sieht, dessen Befugnisse im Zweifel aufs engste aufzufassen seien. Die Erweiterung von Rechten des Urhebers komme also dem Verleger nur dann zu gut, wenn dies im Vertrage ausdrücklich zugestanden sei.

Diese Auffassung entspricht nicht der geschichtlichen Entwicklung des Verlagsrechts in Deutschland; sie ist von vornherein unrichtig angewandt mindestens auf diejenigen Fälle, in denen der Verleger Unternehmer und Besteller war (vgl. die betr. Abschnitte S. 3 ff.). Viel näher, als die auf das moderne Urheberrecht gestützte Theorie, liegt die allgemeine Handelspraxis. Danach kann die Abtretung eines Verlagsrechts gegen eine Summe Geld nur als ein abgemachtes Geschäft angesehen werden, gerade wie der Verkauf eines Grundstücks, einer Aktie, einer Ware. Glück oder Unglück, wie es kommt, müssen beide Teile nach dem Abschlusse des Handels hinnehmen. Es widerstreitet allen Grundsätzen des Handelsverkehrs, jemanden Nachleistungen anzusinnen, wenn der Kauf wider Erwarten glücklich für ihn ausfiel.

Ein solcher Glücksfall, an den bei Abschluß des Vertrags niemand dachte, wäre für den Verleger eines 30 Jahre nach dem Tode des Autors immer noch gangbaren Werkes die Verlängerung der Schutzfrist auf 50 Jahre. Weil früher niemand daran dachte, wird der Fall in den wenigsten Verlagsverträgen vorgesehen sein. Gleichwohl wird niemand ernstlich behaupten wollen, daß der Autor seinerzeit mehr Geld erhalten haben würde, wenn er das Verlagsrecht auf 50 statt auf 30 Jahre nach seinem Tode hätte abtreten können. Mit so entfernten Möglichkeiten, wie die Gangbarkeit eines Werkes nach so langer Frist, ist nicht zu rechnen.

Kurz, eine redliche Auslegung des Willens der Parteien wird zu keinem anderen Ergebnis führen, als daß in der Regel der Autor durch eine Pauschsumme sich ein für allemal hat abfinden lassen, der

Verleger sich ein für allemal zum rechtmäßigen Besitzer hat machen wollen.

Sollte wider Erwarten ein künftiges Gesetz diese Gründe nicht anerkennen und den Rechtsnachfolgern der Autoren Vorteile aus der Verlängerung zusprechen wollen, so stünden dazu zwei Wege offen:

1) Man enteignet einfach den bisherigen Verleger und überläßt den Erben des Autors, mit ihm oder mit einem anderen Verleger einen neuen Vertrag zu schließen.

2) Man beläßt dem Verleger das Werk, verpflichtet ihn aber zu Nachzahlungen an die Erben des Autors.

Der erste Weg, die einfache Enteignung, hätte den Vorteil der Einfachheit und Klarheit für sich. Man wird zu seiner Rechtfertigung außerdem sagen, dem Verleger sei ja ohnehin sein Verlagsrecht nach dem bisherigen Gesetz nicht länger gesichert gewesen, als bis zu dem Zeitpunkte der Enteignung durch das neue Gesetz; von da an habe ihm jeder das Werk nachdrucken können. Das wäre richtig nur bei unwandelbaren Werken der schönen Litteratur. Diese bilden aber nur einen Teil; alle Werke wandelbarer Art haben inzwischen Bearbeitungen erfahren, an denen neue Urheberrechte erwachsen sind, wie dies auf S. 71 an dem Beispiel von Ammons Mutterpflichten gezeigt worden ist. Wollte man diesen neuen wohlerworbenen Rechten nun ihre Grundlage, das Recht des ursprünglichen Autors, entziehen, so wäre das eine Verletzung wohlerworbener Ansprüche des Verlegers sowohl als auch der der Bearbeiter.

Aber auch unwandelbare Werke würde der Verleger nach Ablauf der Schutzfrist ruhig weiter verlegt haben und dabei den Nachdruckern gegenüber vermöge seiner bisherigen Geschäftserfahrung im Vorteil gewesen sein. Wird er bei Verlängerung der Schutzfrist enteignet, so stünde er schlechter, als wenn die Schutzfrist die alte geblieben wäre.

Der zweite Weg, dem Verleger das Werk zu belassen, ihn aber zu Nachzahlungen an die Erben des Autors zu verpflichten, wäre nur gangbar, wenn das Gesetz zugleich das M a ß der Nachzahlung festsetzen könnte. Das ist aber bei der Verschiedenheit der Fälle unmöglich. Ebenso unmöglich ist es, die Festsetzung der Nachzahlung der Vereinbarung zu überlassen, da so eine enorme Anzahl von Prozessen entstehen würde. Also dieser Weg ist so gut wie abgeschnitten. —

Die Frage mußte an dieser Stelle eingehend behandelt werden, weil dies bisher von buchhändlerischer Seite noch nirgends geschehen ist. Für den Fall einer Verlängerung der Schutzfrist wird sie von höchster Bedeutung, denn es handelt sich um v i e l e T a u s e n d e von Einzelfällen. Namentlich im Musikalien- und Kunsthandel werden fast nur Pauschsummenverträge abgeschlossen, von großen Firmen jährlich mehrere hundert. Auch im Buchhandel sind sie nicht selten. In dem Zeitraum von 50—60 Jahren, über den sich thatsächlich die jetzige Schutzfrist durchschnittlich (vom Erscheinen des Werkes ab) erstreckt, kommen auf den gesamten Buch-, Kunst- und Musikalienhandel Hunderttausende solcher Verträge, von denen immerhin eine ziemliche Zahl sich auf Werke beziehen mag, die 30 Jahre nach dem Tode der Autoren noch gangbar sind.[1])

Der Ausschuß hält es daher für richtig, daß die bestehenden Verlagsverträge in Kraft bleiben. Der Weitergenuß von Urheberrechten, die der Autor ein für allemal gegen eine Pauschsumme abgetreten hat, hat dem Verleger zu verbleiben. Jedenfalls sind Übergangsbestimmungen zu treffen, die das Verhältnis des bisherigen Verlegers zu den verlängerten Rechten seiner Autoren regeln.

In Frage kommt ferner, ob eine Verlängerung der Schutzfrist die nach dem alten Gesetz bereits erloschenen Urheberrechte auf den Rest der neuen Schutzfrist wiederherstellen solle?

Von den Werken, die sich über den Ablauf der dreißigjährigen Schutzfrist hinaus als noch verlagsfähig gezeigt haben, werden in der Regel Nachdrucke erschienen sein. Da diese nach dem bisherigen Gesetze rechtmäßige sein würden, so müßte man mindestens den Weitervertrieb der (abzustempelnden) Vorräte gestatten, wenn auch Neudrucke nicht stattfinden dürften.

Richtiger aber erscheint es dem Ausschuß, dem Gesetz **keine rückwirkende Kraft** zu geben, also den Verlegern den ungestörten Weiterbetrieb der Nachdrucke und das Recht des Neudrucks zu lassen. Sie haben ihre Ausgaben, auf das Gesetz gestützt, unternommen; der Abbruch des Vertriebes wäre für sie mit Schaden verknüpft, zumal wenn ihre Ausgabe Teil einer Sammlung wäre, in der eine Lücke auffallen würde.

Wegen der Dauer der Schutzfrist solcher Unternehmungen, an denen nach dem Vorschlage des Ausschusses der Unternehmer Träger des Rechtsschutzes sein sollte, vgl. S. 47.

§ 9.

Bei einem von mehreren Personen als Miturhebern verfaßten Werke erstreckt sich die Schutzfrist auf die Dauer von 30 Jahren nach dem Tode des Letztlebenden derselben.

---

1) Als in England i. J. 1838 Talfourd eine Verlängerung der Schutzfrist auf 60 Jahre nach dem Tode des Autors beantragt hatte, wurde im Unterhause ein Amendement beigefügt, wonach die Ausdehnung der Frist auf schon erschienene Werke keine Anwendung finden solle, wenn der Autor die Ausbeute seines Werkes unter dem bestehenden Gesetz schon ganz aus der Hand gegeben habe. — Der Entwurf Talfourds hatte vorgeschlagen, daß der Erwerber eines Werkes nur für den Zeitraum des Copyright genießen solle, für den er das Werk gekauft habe. Nach diesem Zeitpunkte solle das Recht an den Autor oder seine Rechtsnachfolger zurückkehren. Dies hatte bei den Verlegern die Befürchtung erregt, daß das neue Gesetz sie um die Früchte ihrer Unternehmungen bringen werde. Osterrieth, Engl. Urheberrecht. Leipzig 1895. S. 166 u. 167.

Bei Werken, welche durch Beiträge mehrerer Mitarbeiter gebildet werden, richtet sich die Schutzfrist für die einzelnen Beiträge danach, ob die Urheber derselben genannt sind oder nicht (§§ 8 und 11).

Hierzu wäre etwa folgender Zusatz wünschenswert:

Auch bei den im § 5 (Zusatzantrag) angeführten Gesamtausgaben erstreckt sich die Schutzfrist auf die Dauer von 30 Jahren nach dem Tode des Redners.

Sind jedoch die gesammelten Reden nicht spätestens binnen fünf Jahren nach dem Tode des Redners veröffentlicht worden, so kann auch ohne Genehmigung seiner Rechtsnachfolger eine Gesamtausgabe veröffentlicht werden.

§ 10.

Einzelne Aufsätze, Abhandlungen zc., welche in periodischen Werken, als: Zeitschriften, Taschenbüchern, Kalendern zc. erschienen sind, darf der Urheber, falls nichts anderes verabredet ist, auch ohne Einwilligung des Herausgebers oder Verlegers des Werkes, in welches dieselben aufgenommen sind, nach zwei Jahren vom Ablauf des Jahres des Erscheinens an gerechnet, anderweitig abdrucken.

Um jeden Zweifel auszuschließen, sei vorab ausdrücklich bemerkt, daß der Ausschuß diese Bestimmung nur für periodische Sammelwerke gerechtfertigt hält. Bei nichtperiodischen muß ein jedes Wiederbenutzungsrecht der Beiträge durch einen anderen, als den Verleger ausgeschlossen bleiben (vgl. das zum Bestellerrecht des Verlegers Gesagte und § 37 der Verlagsordnung).

Zu periodischen Sammelwerken gehören aber auch **Zeitungen und andere öffentliche Blätter**; diese wären neben „Zeitschriften, Taschenbüchern, Kalendern u. s. w." in dem künftigen Gesetz ausdrücklich zu nennen.

In der Praxis hat sich der Verkehr folgendermaßen gestaltet.

Bei Zeitungen kommen in erster Reihe in Betracht Romane, Novellen und ähnliche Arbeiten. Große Blätter pflegen diese mit Vorliebe für den ersten Abdruck zu erwerben. Dann legen sie Wert darauf, daß sie eine längere Zeit das alleinige Recht haben. Das zweijährige ausschließende Recht bildet die Regel; doch bedingen sich gute Autoren häufig eine kürzere Frist aus, um bald die Buchausgabe veröffentlichen zu können.

Zeitungen zweiter, dritter und folgender Ordnungen beziehen ihren Feuilletoninhalt in der Regel nicht von den Verfassern unmittelbar, sondern von einem der zahlreichen „Litterarischen Bureaus". Solche Blätter beanspruchen meistens kein anderes ausschließliches Recht, als daß während der Zeit, die sie zum Abdruck brauchen, kein Konkurrenzblatt den gleichen Roman bringt. Alles andere ist ihnen gleichgiltig, und sie verzichten daher auf den Schutz des § 10, zum Teil ausdrücklich durch Revers.

Auch Zeitschriften gelingt es nicht immer, das zweijährige Vorrecht durchzusetzen. Aber dann werden besondere Verabredungen getroffen. Im allgemeinen entspricht der § 10 den Bedürfnissen. Nur gehört er nicht ins Urheberrecht, sondern ins Verlagsrecht. Der Ausschuß ist daher der Meinung, **wenn im Wege der Gesetzgebung ein Verlagsrecht geschaffen werde, so sei die Bestimmung in diesem unterzubringen.**

§ 11.

Bei Schriftwerken, welche bereits veröffentlicht sind, ist die im § 8 vorgeschriebene Dauer des Schutzes an die Bedingung geknüpft, daß der wahre Name des Urhebers auf dem Titelblatte oder unter der Zueignung oder unter der Vorrede angegeben ist.

Bei Werken, welche durch Beiträge mehrerer Mitarbeiter gebildet werden, genügt es für den Schutz der Beiträge, wenn der Name des Urhebers an der Spitze oder am Schluß des Beitrags angegeben ist.

Ein Schriftwerk, welches entweder unter einem anderen, als dem wahren Namen des Urhebers veröffentlicht, oder bei welchem ein Urheber gar nicht angegeben ist, wird dreißig Jahre lang, von der ersten Herausgabe an gerechnet, gegen Nachdruck geschützt (§ 28).

Wird innerhalb dreißig Jahre, von der ersten Herausgabe an gerechnet, der wahre Name des Urhebers von ihm selbst oder seinen hierzu legitimierten Rechtsnachfolgern zur Eintragung in die Eintragsrolle (§§ 39 ff.) angemeldet, so wird dadurch dem Werke die im § 8 bestimmte längere Dauer des Schutzes erworben.

Unverändert.

§ 12.

Die erst nach dem Tode des Urhebers erschienenen Werke werden dreißig Jahre lang, vom Tode des Urhebers an gerechnet, gegen Nachdruck geschützt.

Unbeschadet des Vorschlags zum § 5: zehnjährigen Schutz für Herausgabe ungedruckter Werke, an denen kein Urheberrecht mehr besteht.

§ 13.

Akademien, Universitäten, sonstige juristische Personen, öffentliche Unterrichtsanstalten, sowie gelehrte oder andere Gesellschaften, wenn sie als Herausgeber dem Urheber gleich zu achten sind (§ 2), genießen für die von ihnen herausgegebenen Werke einen Schutz von dreißig Jahren nach deren Erscheinen.

Unverändert.

§ 14.

Bei Werken, die in mehreren Bänden oder Abteilungen erscheinen, wird die Schutzfrist von dem ersten Erscheinen eines jeden Bandes oder einer jeden Abteilung an berechnet.

Bei Werken jedoch, die in einem oder mehreren Bänden eine einzige Aufgabe behandeln und mithin als in sich zusammenhängend zu betrachten sind, beginnt die Schutzfrist erst nach dem Erscheinen des letzten Bandes oder der letzten Abteilung.

Wenn indessen zwischen der Herausgabe einzelner Bände oder Abteilungen ein Zeitraum von mehr als drei Jahren verflossen ist, so sind die vorher erschienenen Bände, Abteilungen ꝛc. als ein für sich bestehendes Werk und ebenso die nach Ablauf der drei Jahre erscheinenden weiteren Fortsetzungen als ein neues Werk zu behandeln.

Unverändert.

§ 15.

Das Verbot der Herausgabe von Übersetzungen dauert in dem Falle des § 6 Littr. b fünf Jahre vom Erscheinen des Originalwerkes, in dem Falle des § 6 Litt. c fünf Jahre vom ersten Erscheinen der rechtmäßigen Übersetzung ab gerechnet.

Die Berner Konvention setzt ein Verbietungsrecht von zehn Jahren fest. Ein in Deutschland erschienenes Werk darf in Deutschland also schon nach fünf Jahren übersetzt werden, im Auslande erst nach zehn Jahren. Da hierdurch der Ausländer jetzt dem Deutschen gegenüber bevorzugt wird, so werden für § 15 ebenfalls **zehn Jahre** vorgeschlagen. Gegen den Vorschlag, mit der Association literaire einen 20jährigen Schutz anzustreben, verhielt sich der Ausschuß ablehnend aus den zum § 6 angeführten Gründen.

§ 16.

In den Zeitraum der gesetzlichen Schutzfrist (§ 8 ff.) wird das Todesjahr des Verfassers, beziehungsweise das Kalenderjahr des ersten Erscheinens des Werkes oder der Übersetzung nicht eingerechnet.

Unverändert.

§ 17.

Ein Heimfallsrecht des Fiskus oder anderer zu herrenlosen Verlassenschaften berechtigter Personen findet auf das ausschließliche Recht des Urhebers und seiner Rechtsnachfolger nicht statt.

Unverändert.

c. Entschädigung und Strafen.

§ 18.

Wer vorsätzlich oder aus Fahrlässigkeit einen Nachdruck (§§ 4 ff.) in der Absicht, denselben innerhalb oder außerhalb des Norddeutschen Bundes zu verbreiten, veranstaltet, ist den Urheber oder dessen Rechtsnachfolger zu entschädigen verpflichtet und wird außerdem mit einer Geldstrafe bis zu Eintausend Thalern bestraft.

Die Bestrafung des Nachdrucks bleibt jedoch ausgeschlossen, wenn der Veranstalter desselben auf Grund entschuldbaren, thatsächlichen oder rechtlichen Irrtums in gutem Glauben gehandelt hat.

Kann die verwirkte Geldstrafe nicht beigetrieben werden, so wird dieselbe nach Maßgabe der allgemeinen Strafgesetze in eine entsprechende Freiheitsstrafe bis zu sechs Monaten umgewandelt.

Statt jeder aus diesem Gesetze entspringenden Entschädigung kann auf Verlangen des Beschädigten neben der Strafe auf eine an den Beschädigten zu erlegende Geldbuße bis zum Betrage von zweitausend Thalern erkannt werden. Für diese Buße haften die zu derselben Verurteilten als Gesamtschuldner.

Eine erkannte Buße schließt die Geltendmachung eines weiteren Entschädigungsanspruches aus.

Wenn den Veranstalter des Nachdrucks kein Verschulden trifft, so haftet er dem Urheber oder dessen Rechtsnachfolger für den entstandenen Schaden nur bis zur Höhe seiner Bereicherung.

Es wurde erwähnt, daß vom juristischen Standpunkt gegen die Bestrafung des fahrlässigen Nachdrucks sich manches sagen ließe. Der Nachdruck ist im wesentlichen bloßes Vermögensdelikt, das sonst nur im Falle des Vorsatzes, nicht der Fahrlässigkeit bestraft wird. Auf dem verwandten Gebiet des Patentschutzes und des Muster- und Markenschutzes giebt es auch nur eine Bestrafung vorsätzlicher Handlungen. Es bilden also jetzt die Gesetze von 1870 und 1876 eine Anomalie, die am krassesten darin zu Tage tritt, daß eine fahrlässige Nachbildung des Geschmackmusters bestraft wird, dagegen nicht eine fahrlässige Nachbildung des Gebrauchmusters.

Dagegen wurde aus praktischen Gründen dringend die Beibehaltung der Bestrafung fahrlässigen Nachdrucks gewünscht. Regelmäßig pflegen die Nachdrucker die Einrede der Fahrlässigkeit zu machen, insbesondere die Nachbildner von Werken der bildenden Künste auf Gegenständen des Gewerbes oder des Kunstgewerbes.

Im zweiten Absatze ist das **Komma** zwischen den Worten: „entschuldbaren“ und „thatsächlichen“ zu **streichen.**

§ 19.

Darüber, ob ein Schaden entstanden ist, und wie hoch sich derselbe beläuft, desgleichen über den Bestand und die Höhe einer Bereicherung entscheidet das Gericht unter Würdigung aller Umstände nach freier Überzeugung.

Unverändert.

§ 20.

Wer vorsätzlich oder aus Fahrlässigkeit einen anderen zur Veranstaltung eines Nachdrucks veranlaßt, hat die im § 18 festgesetzte Strafe verwirkt, und ist den Urheber oder dessen Rechtsnachfolger nach Maßgabe der §§ 18 und 19 zu entschädigen verpflichtet, und zwar selbst dann, wenn der Veranstalter des Nachdrucks nach § 18 nicht strafbar oder ersatzverbindlich sein sollte.

Wenn der Veranstalter des Nachdrucks ebenfalls vorsätzlich oder aus Fahrlässigkeit gehandelt hat, so haften beide dem Berechtigten solidarisch.

Die Strafbarkeit und die Ersatzverbindlichkeit der übrigen Teilnehmer am Nachdruck richtet sich nach den allgemeinen gesetzlichen Vorschriften.

Unverändert.

§ 21.

Die vorrätigen Nachdrucksexemplare und die zur widerrechtlichen Vervielfältigung ausschließlich bestimmten Vorrichtungen, wie Formen, Platten, Steine, Stereotypabgüsse rc., unterliegen der Einziehung. Dieselben sind, nachdem die Einziehung dem Eigentümer gegenüber rechtskräftig erkannt ist, entweder zu vernichten oder ihrer gefährdenden Form zu entkleiden und alsdann dem Eigentümer zurückzugeben.

Wenn nur ein Teil des Werkes als Nachdruck anzusehen ist, so erstreckt sich die Einziehung nur auf den als Nachdruck erkannten Teil des Werkes und die Vorrichtungen zu diesem Teile.

Die Einziehung erstreckt sich auf alle diejenigen Nachdrucksexemplare und Vorrichtungen, welche sich im Eigentum des Veranstalters des Nachdrucks, des Druckers, der Sortimensbuchhändler, der gewerbsmäßigen Verbreiter und desjenigen, welcher den Nachdruck veranlaßt hat (§ 20), befinden.

Die Einziehung tritt auch dann ein, wenn der Veranstalter oder Veranlasser des Nachdrucks weder vorsätzlich noch fahrlässig gehandelt hat (§ 18). Sie erfolgt auch gegen die Erben desselben.

Es steht dem Beschädigten frei, die Nachdrucksexemplare und Vorrichtungen ganz oder teilweise gegen die Herstellungskosten zu übernehmen, insofern nicht die Rechte eines Dritten dadurch verletzt oder gefährdet werden.

Gegen den Inhalt dieses Paragraphen wurde nichts eingewendet, wohl aber auf die Gefahren einer vorläufigen Beschlagnahme durch die Staatsanwaltschaft hingewiesen. Es wurden zwei Fälle besonders namhaft gemacht, in denen nicht nur große Vorräte (je zum Betrage von über 30 000 Mk.) ohne eigentliches Verschulden des Verlegers der Beschlagnahme ausgesetzt, sondern noch viel weitergehende Interessen in Gefahr waren. In einem Fall handelte es sich um das Probeheft einer illustrierten Zeitschrift, im anderen um einen Weihnachtskatalog. Die durch eine auch nur vorübergehende Beschlagnahme herbeigeführten mittelbaren und unmittelbaren Schädigungen und Verlegenheiten wären in beiden Fällen ungemein groß gewesen. Jedesmal war nur eine Abbildung, deren Verfertiger sie widerrechtlich, wenn auch in gutem Glauben, zweimal an verschiedene Verleger verkauft hatte, der Beschwerdegegenstand. Durch Entgegenkommen der Parteien wurde in beiden Fällen der Staatsanwalt umgangen. Der Verleger der Zeitschrift hatte die Genugthuung, daß er wenige Wochen später seinem Konkurrenten und damaligen Gegner genau dasselbe

Versehen nachweisen konnte. Da man die Künstler nehmen muß wie sie sind: sorglos in geschäftlichen Dingen, da also solche Vorkommnisse sich in einem großen Verlagsgeschäfte trotz aller Sorgfalt nicht vermeiden lassen, so verpflichteten die beiden Firmen sich gegenseitig, künftig wegen derartiger Versehen nie strafrechtlich, sondern nur civilrechtlich gegeneinander vorzugehen.

Der Ausschuß ist der Ansicht, daß es in der That ein Übelstand sei, daß die Staatsanwaltschaft vorläufige Beschlagnahme auf solche Nachdrucke verfügen kann, die in gutem Glauben veranstaltet worden sind. Er wünscht, **daß das künftige Gesetz diesen Übelstand beseitige,** etwa so, daß vor der Beschlagnahme der Verletzer, der gutgläubige Nachdrucker gehört werden muß, und daß dann erst der Richter nach freiem Ermessen entscheiden darf, ob ausreichender Grund zur Beschlagnahme vorhanden sei.

§ 22.

Das Vergehen des Nachdrucks ist vollendet, sobald ein Nachdrucksexemplar eines Werkes den Vorschriften des gegenwärtigen Gesetzes zuwider, sei es im Gebiete des Norddeutschen Bundes, sei es außerhalb desselben, hergestellt worden ist.

Im Falle des bloßen Versuchs des Nachdrucks tritt weder eine Bestrafung noch eine Entschädigungsverbindlichkeit des Nachdruckers ein. Die Einziehung der Nachdrucksvorrichtungen (§ 21) erfolgt auch in diesem Falle.

Unverändert.

§ 23.

Wegen Rückfalls findet eine Erhöhung der Strafe über das höchste gesetzliche Maß (§ 18) nicht statt.

Da das nach dem Gesetze vom 11. Juni 1870 erlassene deutsche Strafgesetz die Rückfallbestrafung nur bei wenigen Handlungen (Diebstahl, Betrug, Raub, Hehlerei u. s. w.) kennt, so ist der Inhalt des § 23 nunmehr gemeines Recht und wird voraussichtlich im künftigen Gesetze über Urheberrecht fehlen. Dadurch ist nicht ausgeschlossen und wird vom Ausschusse sehr gewünscht, daß im Rückfalle eine Erhöhung der Strafe bis zum höchsten gesetzlichen Maße eintritt.

§ 24.

Wenn in den Fällen des § 7 Littr. a die Angabe der Quelle oder des Namens des Urhebers vorsätzlich oder aus Fahrlässigkeit unterlassen wird, so haben der Veranstalter und der Veranlasser des Abdrucks eine Geldstrafe bis zu zwanzig Thalern verwirkt.

Eine Umwandlung der Geldstrafe in Freiheitsstrafe findet nicht statt.

Eine Entschädigungspflicht tritt nicht ein.

Unverändert.

§ 25.

Wer vorsätzlich Exemplare eines Werkes, welche den Vorschriften des gegenwärtigen Gesetzes zuwider angefertigt worden sind, innerhalb oder außerhalb des Norddeutschen Bundes gewerbemäßig feilhält, verkauft oder in sonstiger Weise verbreitet, ist nach Maßgabe des von ihm verursachten Schadens den Urheber oder dessen Rechtsnachfolger zu entschädigen verpflichtet und wird außerdem mit Geldstrafe nach § 18 bestraft.

Die Einziehung der zur gewerbemäßigen Verbreitung bestimmten Nachdrucksexemplare nach Maßgabe des § 21 findet auch dann statt, wenn der Verbreiter nicht vorsätzlich gehandelt hat.

Der Entschädigungspflicht, sowie der Bestrafung wegen Verbreitung unterliegen auch der Veranstalter und Veranlasser des Nachdrucks, wenn sie nicht schon als solche entschädigungspflichtig und strafbar sind.

Unverändert.

f. Verfahren.

§ 26.

Sowohl die Entscheidung über den Entschädigungsanspruch, als auch die Verhängung der im gegenwärtigen Gesetze angedrohten Strafen und die Einziehung der Nachdrucksexemplare ꝛc. gehört zur Kompetenz der ordentlichen Gerichte.

Die Einziehung der Nachdrucksexemplare ꝛc. kann sowohl im Strafrechtswege beantragt, als im Civilrechtswege verfolgt werden.

Unverändert.

§ 27.

Das gerichtliche Strafverfahren ist nicht von Amtswegen, sondern nur auf den Antrag des Verletzten einzuleiten. Der Antrag auf Bestrafung kann bis zur Verkündigung eines auf Strafe lautenden Erkenntnisses zurückgenommen werden.

Unverändert.

§ 28.

Die Verfolgung des Nachdrucks steht jedem zu, dessen Urheber- oder Verlagsrechte durch die widerrechtliche Vervielfältigung beeinträchtigt oder gefährdet sind.

Bei Werken, welche bereits veröffentlicht sind, gilt bis zum Gegenbeweise derjenige als Urheber, welcher nach Maßgabe des § 11, Absatz 1, 2, auf dem Werke als Urheber angegeben ist.

Bei anonymen und pseudonymen Werken ist der Herausgeber, und wenn ein solcher nicht angegeben ist, der Verleger berechtigt, die dem Urheber zustehenden Rechte wahrzunehmen. Der auf dem Werke angegebene Verleger gilt ohne weiteren Nachweis als der Rechtsnachfolger des anonymen oder pseudonymen Urhebers.

Unverändert.

§ 29.

In den Rechtsstreitigkeiten wegen Nachdrucks, einschließlich der Klagen wegen Bereicherung aus dem Nachdruck, hat der Richter, ohne an positive Regeln über die Wirkung der Beweismittel gebunden zu sein, den Thatbestand nach seiner freien, aus dem Inbegriff der Verhandlungen geschöpften Überzeugung festzustellen.

Ebenso ist der Richter bei Entscheidung der Frage: ob der Nachdrucker oder der Veranlasser des Nachdrucks (§§ 18, 20) fahrlässig gehandelt hat, an die in den Landesgesetzen vorgeschriebenen verschiedenen Grade der Fahrlässigkeit nicht gebunden.

Unverändert.

§ 30.

Sind technische Fragen, von welchen der Thatbestand des Nachdrucks oder der Betrag des Schadens oder der Bereicherung abhängt, zweifelhaft oder streitig, so ist der Richter befugt, das Gutachten Sachverständiger einzuholen.

§ 31.

In allen Staaten des Norddeutschen Bundes sollen aus Gelehrten, Schriftstellern, Buchhändlern und anderen geeigneten Personen Sachverständigen-Vereine gebildet werden, welche, auf Erfordern des Richters, Gutachten über die an sie gerichteten Fragen abzugeben verpflichtet sind. Es bleibt den einzelnen Staaten überlassen, sich zu diesem Behufe an andere Staaten des Norddeutschen Bundes anzuschließen, oder auch mit denselben sich zur Bildung gemeinschaftlicher Sachverständigen-Vereine zu verbinden.

Die Sachverständigen-Vereine sind befugt auf Anrufen der Beteiligten über streitige Entschädigungsansprüche und die Einziehung nach Maßgabe der §§ 18 bis 21 als Schiedsrichter zu verhandeln und zu entscheiden.

Das Bundeskanzler-Amt erläßt die Instruktion über die Zusammensetzung und den Geschäftsbetrieb der Sachverständigen-Vereine.

Der Ausschuß sieht in den von diesem Gesetz (§ 31) angeordneten Sachverständigen-Vereinen eine vortreffliche Einrichtung, um die Rechtsprechung, die in dem Urheber- und Verlagsrecht besonders schwierig ist, in sicherer Weise weiterzuentwickeln und sie den Zufälligkeiten zu entziehen, die mit der richterlichen Auswahl der einzelnen Sachverständigen verbunden sind. Es hat sich nun gezeigt, daß — wegen der Kosten oder aus anderen Gründen — an manchen Gerichten die Neigung besteht, die Sachverständigen-V e r e i n e als solche zu umgehen, dagegen aus ihren Mitgliedern e i n z e l n e heranzuziehen. Das ist n i c h t e r w ü n s c h t und könnte geändert werden durch Einfügung einer Bestimmung in die **Instruktion**, etwa: „Die Mitglieder der Sachverständigen-Vereine können nur von dem Vorsitzenden des Vereins zur Abgabe von Gutachten herangezogen werden. Sie sind berechtigt, andere Aufforderungen unter Hinweis auf ihre Mitgliedschaft bei dem Sachverständigen-Verein abzulehnen."

Im Absatz 1 sollten noch **Zeitungsverleger** als Mitglieder von Sachverständigen-Vereinen bezeichnet werden.

§ 32.

welcher die Zuständigkeit des Reichsoberhandelsgerichts betrifft, hat durch die neuen Prozeßgesetze seine Geltung verloren.

Unverändert.

g. Verjährung.

§ 33.

Die Strafverfolgung des Nachdrucks und die Klage auf Entschädigung wegen Nachdrucks, einschließlich der Klage wegen Bereicherung (§ 18), verjähren in drei Jahren.

Der Lauf der Verjährung beginnt mit dem Tage, an welchem die Verbreitung der Nachdrucksexemplare zuerst stattgefunden hat.

Unverändert.

§ 34.

Die Strafverfolgung der Verbreitung von Nachdrucksexemplaren und die Klage auf Entschädigung wegen dieser Verbreitung (§ 25) verjähren ebenfalls in drei Jahren.

Der Lauf der Verjährung beginnt mit dem Tage, an welchem die Verbreitung zuletzt stattgefunden hat.

Unverändert.

§ 35.

Der Nachdruck und die Verbreitung von Nachdrucksexemplaren sollen straflos bleiben, wenn der zum Strafantrage Berechtigte den Antrag binnen drei Monaten nach erlangter Kenntnis von den begangenen Vergehen und von der Person des Thäters zu machen unterläßt.

Die Verjährungsfrist von drei Monaten hat sich als zu kurz erwiesen. Viele Verlagshandlungen gehen wegen eines zu ihrer Kenntnis gelangten Nachdrucks — handelt es sich doch häufig nur um geringfügige Dinge — nicht gleich zum Staatsanwalt, sondern setzen sich mit der sie, vielleicht nur unbewußt, schädigenden Firma in unmittelbare Verbindung. Die angegangene Firma schreibt an ihren Autor, dann kommen Hin- und Widerrede, so daß oft Strafanträge nur deshalb gestellt werden mußten, um die Frist nicht ablaufen zu lassen. Der Ausschuß wünschte daher, daß die Verjährungsfrist von drei auf sechs Monate erweitert werde, mußte diesen Wunsch aber aufgeben, weil im Strafgesetz die Frist zur Antragstellung ganz allgemein auf drei Monate festgesetzt ist.

§ 36.

Der Antrag auf Einziehung und Vernichtung der Nachdrucksexemplare, sowie der zur widerrechtlichen Vervielfältigung ausschließlich bestimmten Vorrichtungen (§ 21), ist so lange zulässig, als solche Exemplare und Vorrichtungen vorhanden sind.

§ 37.

Die Übertretung, welche dadurch begangen wird, daß in den Fällen des § 7 Littr. a die Angabe der Quelle oder des Namens des Urhebers unterblieben ist, verjährt in drei Monaten.

Der Lauf der Verjährung beginnt mit dem Tage, an welchem der Abdruck zuerst verbreitet worden ist.

§ 38.

Die allgemeinen gesetzlichen Vorschriften bestimmen, durch welche Handlungen die Verjährung unterbrochen wird.

Die Einleitung des Strafverfahrens unterbricht die Verjährung der Entschädigungsklage nicht, und ebensowenig unterbricht die Anstellung der Entschädigungsklage die Verjährung des Strafverfahrens.

h. Eintragsrolle.

§ 39.

Die Eintragsrolle, in welche die in den §§ 6 und 11 vorgeschriebenen Eintragungen stattzufinden haben, wird bei dem Stadtrat zu Leipzig geführt.

§ 40.

Der Stadtrat zu Leipzig ist verpflichtet, auf Antrag der Beteiligten die Eintragungen zu bewirken, ohne daß eine zuvorige Prüfung über die Berechtigung des Antragstellers oder über die Richtigkeit der zur Eintragung angemeldeten Thatsachen stattfindet.

Zu den §§ 39 und 40.

Der Ausschuß regt an, daß die **Eintragsrolle** künftig **durch den Börsenverein der Deutschen Buchhändler geführt** werde.

Der Börsenverein ist eine so angesehene und gesichert dastehende Körperschaft, er bietet solche Gewähr für sachverständige Führung der Rolle, daß er wohl dieses Vertrauen beanspruchen könnte, wenn er, wie der Ausschuß glaubt, damit seine Zwecke förderte. Der Rat der Stadt Leipzig wird schwerlich etwas dagegen einwenden, daß ihm diese Arbeit abgenommen werde. Allerdings müßte der Börsenverein bereit sein, hinsichtlich der Führung der Eintragsrolle sich der Dienstaufsicht des Reichskanzlers zu unterwerfen.

§ 41.

Das Bundeskanzleramt erläßt die Instruktion über die Führung der Eintragsrolle. Es ist jedermann gestattet, von der Eintragsrolle Einsicht zu nehmen und sich beglaubigte Auszüge aus derselben erteilen zu lassen. Die Eintragungen werden im Börsenblatt für den Deutschen Buchhandel und, falls dasselbe zu erscheinen aufhören sollte, in einer anderen vom Bundeskanzleramte zu bestimmenden Zeitung öffentlich bekannt gemacht.

Unverändert.

§ 42.

Alle Eingaben, Verhandlungen, Atteste, Beglaubigungen, Zeugnisse, Auszüge u. s. w., welche die Eintragungen in die Eintragsrolle betreffen, sind stempelfrei.

Dagegen wird für jede Eintragung, für jeden Eintragsschein, sowie für jeden sonstigen Auszug aus der Eintragsrolle eine Gebühr von je 15 Sgr. erhoben, und außerdem hat der Antragsteller die etwaigen Kosten für die öffentliche Bekanntmachung der Eintragung (§ 41) zu entrichten.

Unverändert.

II. Geographische, topographische, naturwissenschaftliche, architektonische, technische und ähnliche Abbildungen.

§ 43.

Die Bestimmungen in den §§ 1—42 finden auch Anwendung auf geographische, topographische, naturwissenschaftliche, architektonische, technische und ähnliche Zeichnungen und Abbildungen, welche nach ihrem Hauptzwecke nicht als Kunstwerke zu betrachten sind.

§ 43 schließt alle Abbildungen ein, welche nach ihrem Hauptzwecke nicht als Kunstwerke zu betrachten sind. Wenn nun in Schriftwerken Abbildungen von Kunstwerken zur Erläuterung des Textes dienen, so entsteht der Zweifel, ob derartige Abbildungen „ihrem Hauptzwecke nach" als Kunstwerke zu betrachten sind.

Sodann sind in der Litteratur Zweifel entstanden, ob der § 43 auch Relief-, überhaupt plastische Darstellungen zu schützen geeignet sei. Der Ausschuß empfiehlt daher, dem § 43 künftig etwa folgende Fassung zu geben:

Die Bestimmungen in den §§ 1—42 finden auch Anwendung auf **flache oder erhabene Abbildungen aller Art, soweit sie nicht durch das Gesetz über Schutz von Kunstwerken getroffen sind.** Sollten beide Gesetze vereinigt werden, so würde sich für den gewünschten Schutz eine noch einfachere Form ergeben.

§ 44.

Als Nachdruck ist es nicht anzusehen, wenn einem Schriftwerke einzelne Abbildungen aus einem anderen Werke beigefügt werden, vorausgesetzt, daß das Schriftwerk als die Hauptsache erscheint und die Abbildungen nur zur Erläuterung des Textes u. s. w. dienen. Auch muß der Urheber oder die benutzte Quelle angegeben sein, widrigenfalls die Strafbestimmung im § 24 Platz greift.

Als dieses Gesetz erschien, war der Holzschnitt das verbreitetste und wohlfeilste Verfahren zur Illustrierung von Schriftwerken. Wer Abbildungen aus fremden Werken entlehnen wollte, mußte sich von deren Verlegern Clichés kaufen, die er nur bekam, wenn er versprach, sie nicht zu einem jenen unbequemen Zwecke zu benutzen. Oder er mußte einen eigenen Holzschnitt anfertigen lassen, was zu teuer war, um, statt fremde Abbildungen auf Grund des § 44 auszubeuten, nicht lieber eigene herzustellen.

Inzwischen haben die billigen photomechanischen Verfahren eine maßlose Ausbeutung fremden Eigentums, immer unter dem Schutze des § 44, lohnend gemacht. Zinkätzungen nach dem Abdruck eines Holzschnittes kosten weniger, als in der Regel galvanische Niederschläge vom Holzschnitt selbst. Insbesondere werden unter dem Vorwande, den Text zu „erläutern", häufig schmückende Abbildungen nachgedruckt, wobei thatsächlich die Abbildung die Hauptsache, der Text Nebensache ist.

Der Ausschuß wünscht daher eine Verschärfung des § 44 dahin, daß der mißbräuchlichen Benutzung von fremden Abbildungen, insbesondere der vorwiegend zur Ausschmückung des benutzenden Werkes dienenden Benutzung Einhalt gethan werde. Auch sollte bei jeder entlehnten Abbildung die Quelle mit deutlicher Titelangabe vermerkt sein.

III. Musikalische Kompositionen.

§ 45.

Die Bestimmungen in den §§ 1—5, 8—42 finden auch Anwendung auf das ausschließliche Recht des Urhebers zur Vervielfältigung musikalischer Kompositionen.

Unverändert.

§ 46.

Als Nachdruck sind alle ohne Genehmigung des Urhebers einer musikalischen Komposition herausgegebenen Bearbeitungen derselben anzusehen, welche nicht als eigentümliche Kompositionen betrachtet werden können, insbesondere Auszüge aus einer musikalischen Komposition, Arrangements für einzelne oder mehrere Instrumente oder Stimmen, sowie der Abdruck von einzelnen Motiven oder Melodien eines und desselben Werkes, die nicht künstlerisch verarbeitet sind.

Während es bei Schriftwerken in der Regel genügt, die Form vor Nachdruck zu schützen und nur in Bezug auf Dramatisierung gegebener Stoffe ein besserer Schutz zu wünschen ist, hat sich mit zwingender Notwendigkeit für den Musikalienverlag der Schutz der Melodie nötig gemacht.

Der § 46 läßt jetzt die „künstlerische Verarbeitung“ einzelner Motive oder Melodien zu. Dies hat zu den größten Unzuträglichkeiten geführt, worüber eine Eingabe des Vereins der Deutschen Musikalienhändler an den Reichskanzler (vom 10. Juli 1885, abgedruckt im Börsenblatt 1885, 214) u. a. folgendes sagt:

„Jede hiernach anzustellende Beurteilung muß auf die bedenklichsten Schwierigkeiten stoßen, und dies um so mehr, als nach ziemlich übereinstimmender Ansicht in der Wissenschaft und Praxis nicht einmal der künstlerische Wert einer Bearbeitung ausschlaggebend sein darf, vielmehr die Merkmale der Erlaubtheit oder Unerlaubtheit ohne Rücksicht, ob das aus der Bearbeitung entstandene Werk vom künstlerischen Standpunkte gut oder schlecht ist, aufzustellen sind.

„Nicht zu verwundern ist hiernach die mehrfach zur Erscheinung gekommene Thatsache, daß die berufenen Sachverständigenvereine bei Begutachtung streitiger Fälle von den verschiedensten Grundsätzen ausgegangen, ja sogar ein und dieselben Stücke von derartigen, aus hervorragenden Musikern und Juristen zusammengesetzten Körperschaften, von der einen als offenkundiger Nachdruck, von der anderen, wenn auch nicht vorwurfsfrei, so doch als gesetzlich erlaubt, erachtet worden sind. Durch solchen Widerstreit der Meinungen werden aber ganz notwendig die Rechte der Autoren und legitimen Verleger auf ein Minimum herabgedrückt und den Nachdruckern Thür und Thor geöffnet.

„Wesentlich gefördert wurden solche Vorkommnisse infolge der Methode, zu deren Anwendung die Sachverständigenvereine sich bisher auf Grund des § 46 wohl für berechtigt halten konnten, indem sie nämlich für die Beantwortung der Frage, ob und inwieweit im konkreten Falle eine Bearbeitung, Variation, Phantasie und dergleichen als Nachdruck zu gelten habe, das quantitative Verhältnis nach Anzahl der Takte, welche das Original wiedergaben, und andererseits Eigenes des Bearbeiters enthielten, ausschlaggebend sein ließen und mit diesem mehr mechanischen Verfahren um so leichter zu abweichenden Resultaten gelangten.“

In Frankreich und Belgien ist der Schutz der Melodie bereits gesetzlich gesichert. In Deutschland enthalten die Satzungen des Vereins der Deutschen Musikalienhändler seit seiner Gründung (1829) einen Paragraphen (§ 4, I, d, 3), der die Mitglieder des Vereins zum gegenseitigen Schutze der Melodie verpflichtet. Der Wunsch, ein solches Kartell zu schließen, ist sogar eine Hauptursache der Gründung des Vereins gewesen. Diejenigen Verleger, die sich noch ausschließen, mögen dabei gerade von den Absichten geleitet sein, die im

Interesse eines gesunden Geschäftslebens bekämpft werden müssen. Thatsächlich ist also zwischen fast allen maßgebenden deutschen Verlegern der erstrebte Zustand hergestellt, dem nur noch die gesetzliche Bestätigung fehlt. Schwierigkeiten für den rechtmäßigen Verkehr haben sich dabei nicht ergeben.

Der Ausschuß konnte sich dem Gewicht dieser Gründe nicht entziehen und verließ nach eingehender Beratung den Standpunkt, von dem man zu der jetzigen Fassung des Gesetzes kam, und der in den Motiven zum Börsenvereins-Vorentwurf (S. 106 ff.) in sehr ausführlicher Weise dargelegt ist. Er spricht den Wunsch aus, **daß dem Antrag der Musikalienhändler, einen Schutz der Melodie zu schaffen, stattzugeben sei.** —

Die wesentlichen Verbesserungen mechanischer Spielwerke, welche im letzten Jahrzehnte erfunden worden sind, haben diesen Werken eine früher nicht gekannte Bedeutung für den Musikalienverlag verschafft. Ob unter den vier, sechs oder zwölf Melodien, die sonst eine Spieluhr auf der Walze hatte, sich auch die seine befand, konnte den Komponisten oder seinen Verleger wenig berühren. Wenn jetzt aber in einer großen Menge öffentlicher Gastwirtschaften vorzügliche, die Klangwirkung eines Orchesters nachahmende und ersetzende Musikwerke spielen, wenn die auswechselbare Notenscheibe dem Leierkasten jede Melodie zugängig macht, so ist die Sachlage von Grund aus geändert. Schon die einfache Gerechtigkeit fordert, daß die Fabriken solcher Spielwerke, die zum Teil sehr bedeutende Gewinne erzielt haben und noch erzielen, dem Komponisten oder seinen Rechtsnachfolgern abgabepflichtig erklärt werden.

Die Rechtsprechung, insbesondere ein Urteil des Reichsgerichts, 1. Civilsenats, vom 19. Dezember 1888, ist im allgemeinen den Ansprüchen der Komponisten gerecht geworden. Die Rechtsprechung wird allerdings erschwert durch wörtliche Auslegung des § 3 des Schlußprotokolls der Berner Konvention, der die Fabrikation und den Verkauf von Instrumenten frei läßt, welche zur mechanischen Wiedergabe geschützter Musikstücke dienen. Es scheint, daß da eine Art Höflichkeit gegen die Stadt Bern, den Hauptsitz der schweizerischen Spielwerkfabriken, auf die Verhandlungen eingewirkt hat. Inzwischen hat das Reichsgericht, allerdings nur nebenbei, ausgeführt,[1]) daß zu unterscheiden sei zwischen den älteren Musikwerken, die im Interesse der schweizerischen Industrie frei gegeben werden sollen, und denen mit auswechselbaren Notenscheiben, auf die die Berner Konvention dem Sinne nach nicht anwendbar sei.

Der Ausschuß ist jedenfalls der Ansicht, daß die Einrichtung von Melodien für mechanische Musikwerke eine besondere Art des grund-

---

[1]) Entscheidung vom 19. Dezember 1888.

sätzlich zu verbietenden Arrangements sei. Er schlägt vor, dem künftigen Gesetz etwa folgenden Zusatz zu geben:

Als Nachdruck ist ferner anzusehen die Herstellung von auswechselbaren Notenblättern, Rollen, Scheiben oder sonstigen die Hervorbringung von Musikstücken vermittelnden Vorrichtungen für mechanische Instrumente ohne Genehmigung des Urhebers des Musikstückes oder seiner Rechtsnachfolger.

§ 47.

Als Nachdruck ist nicht anzusehen: das Anführen einzelner Stellen eines bereits veröffentlichten Werkes der Tonkunst, die Aufnahme bereits veröffentlichter kleinerer Kompositionen in ein nach seinem Hauptinhalte selbständiges wissenschaftliches Werk, sowie in Sammlungen von Werken verschiedener Komponisten zur Benutzung in Schulen, ausschließlich der Musikschulen. Vorausgesetzt ist jedoch, daß der Urheber oder die benutzte Quelle angegeben ist, widrigenfalls die Strafbestimmung des § 24 Platz greift.

Der Ausschuß schlägt für diesen Paragraphen folgende erweiterte Fassung vor:

Als Nachdruck ist nicht anzusehen:

a) das Anführen einzelner Stellen eines bereits veröffentlichten Werkes der Tonkunst in einem nach seinem Hauptinhalte selbständigen wissenschaftlichen Werke;

b) die Aufnahme bereits veröffentlichter Kompositionen, **doch nicht mehr als fünfzehn Takte des benutzten Werkes,** in ein nach seinem Hauptinhalte selbständiges wissenschaftliches Werk;

c) die Aufnahme bereits veröffentlichter Kompositionen in Sammlungen von Werken verschiedener Komponisten zur Benutzung in Schulen, ausschließlich der Musikschulen.

Die Auflösung des bisherigen einen Satzes im § 47 in drei Absätze rechtfertigt sich durch größere Klarheit.

Ferner wird zu diesem Paragraphen in der schon bei § 46 erwähnten Eingabe des Vereins der Deutschen Musikalienhändler folgendes gesagt:

„Die Frage, wie eine Sammlung kleinerer bereits veröffentlichter Kompositionen geartet sein müsse, um als Sammlung zur Benutzung in Schulen gelten zu können und daher unter die den Nachdruck ausschließende Bestimmung von § 47 des Gesetzes zu fallen, hat zu erheblichen Kontroversen Anlaß gegeben.

„Mehr als je kommt es in neuerer Zeit vor, daß Liedersammlungen, Gesangsalbums und dergleichen als zum Schulgebrauch bestimmt erscheinen, deren Herausgeber wohl beabsichtigt haben mag, dieselben den Bedürfnissen der Schule anzupassen, in denen auch Mängel, welche den Schulzweck geradezu beeinträchtigen würden, sich nicht entdecken lassen, welche aber mehr oder weniger auch anderen Zwecken, namentlich Gesangvereinen, dienen und bei denen die Absicht vorausgesetzt werden kann, daß der Herausgeber auch die Verwendung für Gesangvereine und überhaupt andere Abnehmer als Schulen von vornherein als Nebenzweck ins Auge gefaßt habe.

„Mit derartigen Zwittersammlungen wird der deutsche Liederverlag ganz erheblich geschädigt. Bei der unbestimmten Fassung des Gesetzes ist nur in ganz prägnanten Fällen Remedur möglich . . . .“

Der Ausschuß schließt sich diesen Ausführungen an und bezeichnet entsprechend dem in der Eingabe gemachten Vorschalge als **Erfordernisse von Sammlungen musikalischer Komposition für Schulen:**

a) **die überall erkennbare Rücksichtnahme auf den Stimmenumfang von Schülern,**

b) **die planmäßige Anordnung des Stoffs in Ansehung des Fortschreitens vom Leichteren zum Schwereren,**

c) **die Auswahl geeigneter Texte und deren Gruppierung nach pädagogischen Grundsätzen.**

Ferner wünscht der Ausschuß, daß im Schlußsatz gesagt werde statt „der Urheber oder die benutzte Quelle“: „der Urheber **und** die benutzte Quelle.“

§ 48.

Als Nachdruck ist nicht anzusehen: die Benutzung eines bereits veröffentlichten Schriftwerkes als Text zu musikalischen Kompositionen, sofern der Text in Verbindung mit der Komposition abgedruckt wird.

Ausgenommen sind solche Texte, welche ihrem Wesen nach nur für den Zweck der Komposition Bedeutung haben, namentlich Texte zu Opern oder Oratorien. Texte dieser Art dürfen nur unter Genehmigung ihres Urhebers mit den musikalischen Kompositionen zusammen abgedruckt werden.

Zum Abdruck des Textes ohne Musik ist die Einwilligung des Urhebers oder seiner Rechtsnachfolger erforderlich.

Es wurde angeregt, ob die Bestimmung des ersten Absatzes nicht zu weit gehe, ob den Komponisten die nachdruckfreie Litteratur nicht genügen könne, da die Schriftstellerwelt sehr klage über die vielfache Benutzung der neueren poetischen Litteratur, teilweise in verstümmelter Form. Der Ausschuß war aber für Beibehaltung der Bestimmung, da der musikalischen Eingebung keine willkürlichen Grenzen zu ziehen seien. Der Komponist liest vielleicht ein Gedicht, da kommt ihm unwillkürlich eine Melodie und das Kunstwerk ist da. Von einer ernstlichen Schädigung der Litteratur hierdurch könne nicht die Rede sein; im Gegenteil, für einen Dichter gäbe es kein größeres Glück, als wenn seine Lieder recht oft und gut komponiert werden.

Wohl aber ist der Ausschuß der Ansicht, **daß der Komponist den Text zwar kürzen, aber sonst nicht verändern dürfe.**

Ferner hat auch zu diesem Paragraphen der Verein der Deutschen Musikalienhändler in der Eingabe von 1885 geäußert. Er sagt:

„Der erste Absatz des die Texte zu musikalischen Kompositionen betreffenden § 48 hat, wie auch sämtliche Kommentatoren als zutreffend anerkennen, den Sinn, daß nur der eigenen Komposition ein bereits veröffentlichtes fremdes Schriftwerk zulässigerweise als Text untergelegt werden könne.

„Dieser Sinn ist jedoch von seiten der rechtsprechenden Behörden in so fern nicht anerkannt worden, als es unter anderm für erlaubt erklärt wurde, eine freie deutsche Textübersetzung zu polnischen Liedern, welche an sich nach § 6 letzter Absatz des Gesetzes selbständigen Schutz genoß, ohne Genehmigung des zu der Textbearbeitung Berechtigten, zusammen mit der Musik abzudrucken, nur weil die Komposition als solche bereits Gemeingut geworden war, eine Anschauung, welche das Recht der Textbenutzung gegen die Absicht des Gesetzgebers ganz bedeutend erweitert."

Der Ausschuß schließt sich dem an und wünscht, **daß die Benutzung eines bereits veröffentlichten Schriftwerkes als Text zu musikalischen Kompositionen nur dem Komponisten gestattet werde.**

Es kam ferner zur Sprache, daß sich in bestimmten, namhaft gemachten Fällen Schriftsteller oder Verleger geschädigt geglaubt haben durch den ungefragt vorgenommenen Abdruck einer erheblichen Zahl von Liedern oder von größeren Dichtungen als Texten. Die Mehrheit des Ausschusses hielt diese Schädigung, falls sie wirklich in einzelnen Fällen auch als solche empfunden worden sein möge, für nicht erheblich genug, um daran eine gesetzliche Einengung der Komponisten in Wahl ihrer Texte zu knüpfen. Jedoch wünscht er den Zusatz, daß die Benutzung eines bereits veröffentlichten Schriftwerkes nur gestattet sei **unter Angabe der Quelle.**

Endlich wird durch das jetzige Gesetz der Fall nicht berücksichtigt, wenn ein Dichter für einen bestimmten Komponisten einen Text schreibt, den er sonst nicht zu veröffentlichen beabsichtigt, oder wenn ein Komponist selber sich einen Text für seine musikalische Komposition macht. In beiden Fällen wird, wie ein Musikalienverleger ausführte, durch die erstmalige Veröffentlichung des Textes mit der Musik der Text selbst für jede weitere musikalische Bearbeitung frei; und darin liegt eine gewisse Ungerechtigkeit gegen den Dichter, ob es nun der Komponist selber ist oder sonst jemand. Sein Anrecht an die Musik geht ihm nicht verloren, aber sein Recht an den eigens dazu gedichteten und eingerichteten Text sofort, sowie das Lied erscheint. Es kann sofort ein anderer Komponist, ein anderer Musiker zu dem Text eine neue Komposition machen und so dem ersten Werke eine Konkurrenz bereiten.

Der Ausschuß wünscht, **daß die Benutzung veröffentlichter Dichtungen nicht erlaubt sein solle, wenn vom Dichter selbst eine Komposition dazu geschaffen oder veranlaßt worden ist.**

§ 49.

Die Sachverständigenvereine, welche nach Maßgabe des § 31 Gutachten über den Nachdruck musikalischer Kompositionen abzugeben haben, sollen aus Komponisten, Musikverständigen und Musikalienhändlern bestehen.

Unverändert.

IV. Öffentliche Aufführung dramatischer, musikalischer oder dramatisch-musikalischer Werke.

Der Ausschuß erklärt sich, insoweit dieser Abschnitt dramatische Werke betrifft, zu Abänderungsvorschlägen nicht für zuständig und beschränkt sich auf die Beratung in betreff der Aufführung musikalischer Werke.

§ 50.

Das Recht, ein dramatisches, musikalisches oder dramatisch-musikalisches Werk öffentlich aufzuführen, steht dem Urheber und dessen Rechtsnachfolgern (§ 3) ausschließlich zu.

In betreff der dramatischen und dramatisch-musikalischen Werke ist es hierbei gleichgültig, ob das Werk bereits durch den Druck u. s. w. veröffentlicht worden ist oder nicht. Musikalische Werke, welche durch Druck veröffentlicht worden sind, können ohne Genehmigung des Urhebers öffentlich aufgeführt werden, falls nicht der Urheber auf dem Titelblatt oder an der Spitze des Werkes sich das Recht der öffentlichen Aufführung vorbehalten hat.

Dem Urheber wird der Verfasser einer rechtmäßigen Übersetzung des dramatischen Werkes in Beziehung auf das ausschließliche Recht zur öffentlichen Aufführung dieser Übersetzung gleich geachtet.

Die öffentliche Aufführung einer rechtswidrigen Übersetzung (§ 6) oder einer rechtswidrigen Bearbeitung (§ 46) des Originalwerkes ist untersagt.

Der Schlußsatz des zweiten Absatzes: „falls nicht der Urheber auf dem Titelblatte oder an der Spitze des Werkes sich das Recht der öffentlichen Aufführung vorbehalten hat“ hat sich als eine lästige Einengung der Musikalienverleger erwiesen. Bei Werken junger Komponisten ist es bedenklich, diesen Zusatz anzubringen, der die Absicht öffentlicher Aufführungen, an denen dem Anfänger aber viel liegt, häufig im Entstehen unterdrückt. Bleibt der Zusatz aber fort, so berechtigt er den Besitzer des Abdruckes, das Werk noch nach langen Jahren, unter ganz veränderten Verhältnissen, ohne Anfrage beim Komponisten aufzuführen. Der Ausschuß schlägt daher vor, den **Schutz nicht mehr von dem Vorbehalt des Urhebers abhängig** zu machen und **den ganzen zweiten Absatz zu streichen**, da bei Wegfall des zweiten Satzes der erste nur mehr Selbstverständliches sagt.

Nach der letzten Sitzung des Ausschusses ging noch ein Antrag des Vereins der deutschen Musikalienhändler ein, den Absatz 2 nicht zu streichen, sondern so zu fassen:

Es ist hierbei gleichgültig, ob das Werk bereits durch den Druck veröffentlicht worden ist, oder nicht. Das Recht der Aufführung von musikalischen Werken und von musikalischen Teilen dramatisch-musikalischer Werke darf dritten nicht versagt werden, wenn der Veranstalter einer Aufführung die zu benutzenden Noten vom Verleger rechtmäßig käuflich erworben hat und dem Urheber oder seinen Rechtsnachfolgern eine Gebühr sichert, die jedoch den Betrag von ? %[1]) der Bruttoeinnahme der Aufführung nicht zu übersteigen braucht. Die Gebühr ist nur bei öffentlichen Veranstaltungen zu bedingen, fällt aber bei Aufführungen in Kirche, Schule und Heer weg.

Der Ausschuß hat diesen Vorschlag der Musikalienhändler nicht mehr beraten können, teilt ihn aber mit.

§ 51.

Sind mehrere Urheber vorhanden, so ist zur Veranstaltung der öffentlichen Aufführung die Genehmigung jedes Urhebers erforderlich.

Bei musikalischen Werken, zu denen ein Text gehört, einschließlich der dramatisch-musikalischen Werke, genügt die Genehmigung des Komponisten allein.

§ 52.

In betreff der Dauer des ausschließlichen Rechts zur öffentlichen Aufführung kommen die §§ 8 bis 17 zur Anwendung.

Anonyme und pseudonyme Werke, welche zur Zeit ihrer ersten rechtmäßigen öffentlichen Aufführung noch nicht durch den Druck veröffentlicht sind, werden dreißig Jahre vom Tage der ersten rechtmäßigen Aufführung an, posthume Werke dreißig Jahre vom Tode des Urhebers an gegen unbefugte öffentliche Aufführung geschützt.

Wenn der Urheber des anonymen oder pseudonymen Werkes oder sein hierzu legitimierter Rechtsnachfolger innerhalb der Frist

---

1) 2% n. d. Schweizer Gesetz v. 3. August 1883, Art. 7.

von dreißig Jahren den wahren Namen des Urhebers vermittelst Eintragung in die Eintragsrolle (§ 39) bekannt macht, oder wenn der Urheber das Werk innerhalb derselben Frist unter seinem wahren Namen veröffentlicht, so gelangt die Bestimmung des § 8 zur Anwendung.

§ 53.

Bei dramatischen, musikalischen und dramatisch-musikalischen Werken, welche noch nicht mechanisch vervielfältigt, aber öffentlich aufgeführt worden sind, gilt bis zum Gegenbeweise derjenige als Urheber, welcher bei der Ankündigung der Aufführung als solcher bezeichnet worden ist.

§ 54.

Wer vorsätzlich oder aus Fahrlässigkeit ein dramatisches, musikalisches oder dramatisch-musikalisches Werk vollständig oder mit unwesentlichen Änderungen unbefugterweise öffentlich aufführt, ist den Urheber oder dessen Rechtsnachfolger zu entschädigen verpflichtet und wird außerdem mit einer Geldstrafe nach Maßgabe der §§ 18 und 23 bestraft.

Auf den Veranlasser der unbefugten Aufführung findet der § 20 mit der Maßgabe Anwendung, daß die Höhe der Entschädigung nach § 55 zu bemessen ist.

§ 55.

Die Entschädigung, welche dem Berechtigten im Falle des § 54 zu gewähren ist, besteht in dem ganzen Betrage der Einnahme von jeder Aufführung ohne Abzug der auf dieselbe verwendeten Kosten.

Ist das Werk in Verbindung mit anderen Werken aufgeführt worden, so ist, unter Berücksichtigung der Verhältnisse, ein entsprechender Teil der Einnahme als Entschädigung festzusetzen.

Wenn die Einnahme nicht zu ermitteln oder eine solche nicht vorhanden ist, so wird der Betrag der Entschädigung vom Richter nach freiem Ermessen festgestellt.

Trifft den Veranstalter der Aufführung kein Verschulden, so haftet er dem Berechtigten auf Höhe seiner Bereicherung.

§ 56.

Die Bestimmungen in den §§ 26 bis 42 finden auch in betreff der Aufführung von dramatischen, musikalischen und dramatisch-musikalischen Werken Anwendung.

Zu den §§ 51 bis 56 sieht sich der Ausschuß aus dem angegebenen Grunde zu keinerlei Vorschlägen veranlaßt.

V. Allgemeine Bestimmungen.

§ 57.

Das gegenwärtige Gesetz tritt mit dem 1. Januar 1871 in Kraft. Alle früheren, in den einzelnen Staaten des Norddeutschen Bundes geltenden, rechtlichen Bestimmungen in Beziehung auf das Urheberrecht an Schriftwerken, Abbildungen, musikalischen Kompositionen und dramatischen Werken treten von demselben Tage ab außer Wirksamkeit.

§ 58.

Das gegenwärtige Gesetz findet auf alle vor dem Inkrafttreten desselben erschienenen Schriftwerke, Abbildungen, musikalischen Kompositionen und dramatischen Werke Anwendung, selbst wenn dieselben nach den bisherigen Landesgesetzgebungen keinen Schutz gegen Nachdruck, Nachbildung oder öffentliche Aufführung genossen haben.

Die bei dem Inkrafttreten dieses Gesetzes vorhandenen Exemplare, deren Herstellung nach der bisherigen Gesetzgebung gestattet war, sollen auch fernerhin verbreitet werden dürfen, selbst wenn ihre Herstellung nach dem gegenwärtigen Gesetz untersagt ist.

Ebenso sollen die bei dem Inkrafttreten dieses Gesetzes vorhandenen, bisher rechtmäßig angefertigten Vorrichtungen, wie Formen, Platten, Steine, Stereotypabgüsse u. s. w., auch fernerhin zur Anfertigung von Exemplaren benutzt werden dürfen.

Auch dürfen die beim Inkrafttreten des Gesetzes bereits begonnenen, bisher gestatteten Vervielfältigungen noch vollendet werden.

Die Regierungen der Staaten des Norddeutschen Bundes werden ein Inventarium über die Vorrichtungen, deren fernere Benutzung hiernach gestattet ist, amtlich aufstellen und diese Vorrichtungen mit einem gleichförmigen Stempel bedrucken lassen. Ebenso sollen alle Exemplare von Schriftwerken, welche nach Maßgabe dieses Paragraphen auch fernerhin verbreitet werden dürfen, mit einem Stempel versehen werden.

Nach Ablauf der für die Legalisierung angegebenen Frist unterliegen alle mit dem Stempel nicht versehenen Vorrichtungen und Exemplare der bezeichneten Werke, auf Antrag des Verletzten, der

Einziehung. Die nähere Instruktion über das bei der Aufstellung des Inventariums und bei der Stempelung zu beobachtende Verfahren wird vom Bundeskanzleramte erlassen.

§ 59.

Insofern nach den bisherigen Landesgesetzgebungen für den Vorbehalt des Übersetzungsrechts andere Förmlichkeiten und für das Erscheinen der ersten Übersetzung andere Fristen, als in § 6 Littr. c vorgeschrieben sind, hat es bei denselben in betreff derjenigen Werke, welche vor dem Inkrafttreten des gegenwärtigen Gesetzes bereits erschienen sind, sein Bewenden.

§ 60.

Die Erteilung von Privilegien zum Schutze des Urheberrechts ist nicht mehr zulässig.

Dem Inhaber eines vor dem Inkrafttreten des gegenwärtigen Gesetzes von dem Deutschen Bunde oder den Regierungen einzelner, jetzt zum Norddeutschen Bunde gehörigen Staaten erteilten Privilegiums steht es frei, ob er von diesem Privilegium Gebrauch machen oder den Schutz des gegenwärtigen Gesetzes anrufen will.

Der Privilegienschutz kann indes nur für den Umfang derjenigen Staaten geltend gemacht werden, von welchen derselbe erteilt worden ist.

Die Berufung auf den Privilegienschutz ist dadurch bedingt, daß das Privilegium entweder ganz oder dem wesentlichen Inhalte nach dem Werke vorgedruckt oder auf oder hinter dem Titelblatt desselben bemerkt ist. Wo dieses nach der Natur des Gegenstandes nicht stattfinden kann oder bisher nicht geschehen ist, muß das Privilegium, bei Vermeidung des Erlöschens, binnen drei Monaten nach dem Inkrafttreten dieses Gesetzes zur Eintragung in die Eintragsrolle angemeldet und von dem Kuratorium derselben öffentlich bekannt gemacht werden.

Zu den §§ 57—60, die meist gegenstandslos geworden sind, macht der Ausschuß keine Bemerkungen.

§ 61.

Das gegenwärtige Gesetz findet Anwendung auf alle Werke inländischer Urheber, gleichviel ob die Werke im Inlande oder Auslande erscheinen oder überhaupt noch nicht veröffentlicht sind.

Wenn Werke ausländischer Urheber bei Verlegern erscheinen, die im Gebiete des Norddeutschen Bundes ihre Handelsniederlassung haben, so stehen diese Werke unter dem Schutze des gegenwärtigen Gesetzes.

Es sind Zweifel entstanden, ob durch den Absatz 2 auch solche Werke von Ausländern geschützt sind, die bei deutschen Verlegern im Kommissionsverlag erscheinen. Der Ausschuß bejahte diese Frage für die Fälle, in denen die ganze Auflage in deutschen Kommissionsvertrieb gegeben wird und nicht zwischen den deutschen und ausländischen Kommissionsverlegern geteilt wird.

Dazu ist zu bemerken, daß sehr selten Kommissionsverlag als solcher auf dem Titel kenntlich gemacht wird; die Autoren pflegen mit Recht darin eine Herabwürdigung zu sehen. Schon deswegen könnte das Gesetz keinen Unterschied zwischen Verlag und Kommissionsverlag machen.

Auch ob das Werk im Auslande gedruckt ist oder nicht, soll nach Ansicht des Ausschusses außer Betracht bleiben.

Wie in § 20 des Gesetzes von 1876 über Kunstwerke wäre auch hier statt: „bei Verlegern erscheinen, die im Gebiete des Norddeutschen Bundes (Deutschen Reichs) ihre Handelsniederlassung haben," zu setzen: **„bei inländischen Verlegern erscheinen“.**

§ 62.

Diejenigen Werke ausländischer Urheber, welche in einem Orte erschienen sind, der zum ehemaligen Deutschen Bunde, nicht aber zum Norddeutschen Bunde, gehört, genießen den Schutz dieses Gesetzes unter der Voraussetzung, daß das Recht des betreffenden Staates den innerhalb des Norddeutschen Bundes erschienenen Werken einen den einheimischen Werken gleichen Schutz gewährt; jedoch dauert der Schutz nicht länger als in dem betreffenden Staate selbst. Dasselbe gilt von nicht veröffentlichen Werken solcher Urheber, welche zwar nicht im Norddeutschen Bunde, wohl aber im ehemaligen Deutschen Bundesgebiete staatsangehörig sind.

Nach diesem § 62, nach dem § 21 des Gesetzes vom 9. Januar 1876 und nach dem österreichischen Patente vom 19. Oktober 1846 sind im Verkehr zwischen Deutschland und Österreich nur diejenigen Gebietsteile gegenseitig geschützt, die zum ehemaligen Deutschen Bunde gehörten. Dazu gehörten aber nicht auf deutscher Seite die preußischen Provinzen Schleswig, Ostpreußen, Westpreußen und Posen, auf österreichischer Seite Ungarn. Österreich ist bis jetzt dem Berner Vertrage nicht beigetreten, auch besteht kein Litterarvertrag zwischen Deutschland und Österreich-Ungarn. (Vgl. Dambach, Welche Förmlichkeiten müssen von den deutschen Urhebern und Verlegern beobachtet werden u. s. w. 2. Aufl. Leipzig 1895, S. 21.)

Der Ausschuß wünscht, daß diese offenbare Lücke durch Gesetze oder Verträge geschlossen werde.

Vgl. hierzu die Bemerkungen zum § 21 des Gesetzes von 1876 über Kunstwerke.

5.

Vorschläge zum Reichsgesetz,

betreffend

das Urheberrecht an Werken der bildenden Künste.

Vom 9. Januar 1876.

Weit mehr als das Gesetz betreffend das Urheberrecht an Schriftwerken sind die beiden Gesetze vom 9. und 10. Januar 1876 änderungsbedürftig; die ihrem Schutz unterstehenden bildlichen Darstellungen bieten der unlauteren Ausnützung viel mehr Einfallspforten als litterarische Schöpfungen. Ob diese nun in Goldschnitt oder in geringster Ausstattung erscheinen, immer ist die Vervielfältigungsmethode, der Letterndruck, gegeben, und nur selten noch wird es sich hierbei um den vollständigen Nachdruck eines Schriftwerkes handeln, die geringere oder größere Ausnützung dürfte zur Zeit lediglich das Streitobjekt sein.

Ganz anders bei den bildlichen Darstellungen! Auf sie stürzt sich jene große Armee erfindungsarmer Kunstgewerbetreibender, um die originalen Gedanken großer Künstler in oft abscheulichen, schwarzen und farbigen Nachbildungen aller Art vermöge unserer jetzt so sehr ausgebildeten Vervielfältigungsmethoden als Ornamente von Cigarrenkisten, Notentiteln, Plakaten, Reklamekarten, bemalten und beklebten Schalen und Tambourinen ꝛc. ꝛc. einer unerfreulichen Auferstehung entgegenzuführen.

a. Ausschließliches Recht des Urhebers.

§ 1.

Das Recht, ein Werk der bildenden Künste ganz oder teilweise nachzubilden, steht dem Urheber desselben ausschließlich zu.

Unverändert.

Es war beantragt worden, daß das in diesem Paragraphen statuierte Recht auch demjenigen ausschließlich zukomme, der, ohne auf den ungenannten Urheber irgendwie zurückzugehen, ein Werk zuerst rechtmäßig veröffentliche. Der Ausschuß ist dieser Anschauung nicht beigetreten, da durch einen derartigen Anspruch die ganze Theorie der deutschen Urheberrechtsgesetzgebung durchbrochen wird. Es lassen sich im Rahmen des jetzt geltenden Rechtes bei anonymen Werken der bildenden Kunst drei Fälle denken:

1) Der Urheber lebt noch. Dann ist das betreffende anonyme Werk schon laut § 9, 3 von der Veröffentlichung an auf 30 Jahre geschützt.
2) Der Urheber ist noch nicht 30 Jahre tot. Dann dauert laut § 11 der Schutz bis zu 30 Jahren nach dem Tode des Urhebers.
3) Der Urheber ist bereits länger als 30 Jahre tot. Dann genießt der Verleger
   1) für rechtmäßige künstlerische Nachbildungen laut § 7 ein neues in der Person des Nachbildners entstandenes Urheberrecht,
   2) für photographische Nachbildungen einen Schutz auf fünf Jahre.

Das dürfte billigen Ansprüchen genügen, um so mehr, wenn die Schutzfristen verlängert werden (s. u. S. 110 u. S. 121).

Der Vollständigkeit halber ist zu § 1 noch zu erwähnen, daß der Entwurf des österreichischen Urhebergesetzes vom 26. Dezember 1895 in seinem § 30 der Regierungsvorlage als Ausfluß des Urheberrechts an Werken der bildenden Künste ausdrücklich auch das öffentliche Ausstellen des Originalwerkes und von Nachbildungen desselben bezeichnete, da das öffentliche Ausstellen ein ebenso ergiebiges Mittel der Verwertung des Geistesproduktes bilden könne, wie bei dem Bühnenwerk die Aufführung.

Diese Anschauung fiel schon in der Herrenhauskommission, die dafür eintrat, daß das Ausstellungsrecht nicht ein Ausfluß des Urheberrechtes sei, sondern ein Corollar des Eigentumsrechtes an dem Gegenstand; von den Nachbildungen ganz abgesehen, wie könne man dem Eigentümer eines Gemäldes verbieten, dies ohne Zustimmung des ihm oft unbekannten und unerreichbaren Urhebers zum Zwecke des Verkaufs öffentlich auszustellen? Dieser Meinung schloß sich auch der Ausschuß an.

Gegenüber der unbefugten widerrechtlichen Ausstellung seitens eines dritten kommen die allgemeinen zivilrechtlichen Grundsätze (Arglist, condictio furtiva) zur Anwendung (J. Kaiser, Die Zwangsvollstreckung in das litterarische und artistische Urheberrecht. S. 40. Würzburger Dissert. Druck von J. Sittenfeld in Berlin 1895).

§ 2.

Das Recht des Urhebers geht auf dessen Erben über. Dieses Recht kann beschränkt oder unbeschränkt durch Vertrag oder durch Verfügung von Todeswegen auf andere übertragen werden.

Unverändert. Daß der „Nachmaler", d. h. der mit Erlaubnis des Erfinders in demselben Kunstverfahren Kopierende bezüglich seiner Kopie ein Vervielfältigungsrecht nicht besitzt, erachtet der Ausschuß gegenüber anderweitigen Ausführungen schon durch die bisherige Gesetzesfassung festgestellt, denn nur durch rechtmäßige Nachbildung mittels eines anderen Kunstverfahrens erlangt der Nachbildner eo ipso laut § 7 ein Urheberrecht (s. a. Stenglein und Appelius, Reichsges. z. Schutz d. geist. Eigentums, S. 53 zu § 7, 3). Über Art und Umfang des letzteren siehe die Ausführungen unten bei § 7.

Zum Wortlaut wäre noch zu bemerken, daß es vielleicht deutlicher hieße „...... über; auch kann dieses Recht beschränkt ....."

§ 3.

Auf die Baukunst findet das gegenwärtige Gesetz keine Anwendung.

Die Association littéraire et artistique hat auf den Kongressen zu Mailand und Antwerpen den Schutz der Architektur verlangt, neuerdings wünscht das Gleiche Rechtsanwalt Dr. Katz, Privatdozent am Polytechnikum in Charlottenburg (Festg. f. d. XVII. Kongreß 1895 der Association litt. et art. int. Berlin 1895, Deutsche Schriftstellergenossenschaft). Ein grober Mißbrauch wäre es z. B., wenn jemand aus Zufall die Pläne eines noch nicht ausgeführten Baues in die Hände bekäme und danach einen Bau ausführte.

Der Ausschuß nimmt zu § 3 eine bestimmte Stellung nicht ein, überläßt es vielmehr den Architekten, hierzu ihre Wünsche zu formulieren.

§ 4.

Als Nachbildung ist nicht anzusehen die freie Benutzung eines Werkes der bildenden Künste zur Hervorbringung eines neuen Werkes.

Dieser Paragraph hat den Ausschuß lange beschäftigt. Als Analogon wurde § 46 des Gesetzes vom 11. Juni 1870 betreffend musikalische Kompositionen angeführt, der für die „Bearbeitungen" Eigentümlichkeit, d. h. Individualität der Neuschöpfung, verlange. Wenn der „freie Benützer" ein anderer Künstler ist, so wird man mit Erfolg das Kriterium in der Individualität der beiden zu vergleichenden Arbeiten suchen, ist aber derselbe Künstler auch Erzeuger des neuen Werkes, so genügt natürlich das Kriterium des Individuellen nicht mehr, und für solche Fälle besonders wäre eine schärfere Begrenzung der Utilisation nötig. Der diesbezügliche Quaas'sche Vorschlag

> „als Nachbildung ist nicht anzusehen die Wiedergabe eines Kunstvorbildes in Gestalten und Formen einer von ihm abweichenden künstlerisch selbständigen Entwickelung"

schien dem Ausschuß dem Sinne, nicht der Formulierung nach verwendbar, doch wurde von anderer Seite geltend gemacht, daß die hier unleugbar vorhandene Schwierigkeit immer eine quaestio facti sein werde; durch jede weitere Ausführung hemme man den Richter nur.

§ 5.

Jede Nachbildung eines Werkes der bildenden Künste, welche in der Absicht, dieselbe zu verbreiten, ohne Genehmigung des Berechtigten (§§ 1, 2) hergestellt wird, ist verboten. Als verbotene Nachbildung ist es auch anzusehen:

1. wenn bei Hervorbringung derselben ein anderes Verfahren angewendet worden ist, als bei dem Originalwerk;
2. wenn die Nachbildung nicht unmittelbar nach dem Originalwerke, sondern mittelbar nach einer Nachbildung desselben geschaffen ist;
3. wenn die Nachbildung eines Werkes der bildenden Künste sich an einem Werke der Baukunst, der Industrie, der Fabriken, Handwerke oder Manufakturen befindet;
4. wenn der Urheber oder Verleger dem unter ihnen bestehenden Vertrage zuwider eine neue Vervielfältigung des Werkes veranstalten;
5. wenn der Verleger eine größere Anzahl von Exemplaren eines Werkes anfertigen läßt, als ihm vertragsmäßig oder gesetzlich gestattet ist.

Der Vordersatz soll der besseren Stilisierung dieses Paragraphen wegen folgende Fassung erhalten:

„Jede Nachbildung eines Werkes der bildenden Künste, welche in der Absicht, dieselbe zu verbreiten, ohne Genehmigung des Berechtigten (§§ 1, 2) hergestellt wird, ist verboten. Unter dieses Verbot fallen auch solche Nachbildungen, welche"

Ziffer 1 und 2 sollen, nur stilistisch verändert, lauten:

1. **durch ein anderes, als beim Originalwerk angewandtes Verfahren hervorgebracht,**
2. **nicht unmittelbar nach dem Originalwerk, sondern mittelbar nach einer Nachbildung desselben geschaffen ist.**

Der Ausschuß gelangte zu der Überzeugung, daß der von einer Seite gemachte Vorschlag, statt „Verfahren" zu sagen „Kunst- oder technisches photomechanisches Verfahren" resp. bei § 2 hinter „Nachbildung" noch einzufügen „photomechanischen Kopie", eher eine Einschränkung des Schutzes als dessen Ausdehnung herbeiführe. Unter der Bezeichnung „anderes Verfahren" des Absatzes 1 sei eben jedes andere Verfahren zu verstehen, jedes andere Kunstverfahren, jedes photomechanische oder verwandte Verfahren.

Dagegen solle zum Ausdruck gelangen, daß die im Wege eines Kunst- oder photographischen Verfahrens erfolgende Nachbildung lebender Bilder, die nach Kunstwerken gestellt seien, nicht gestattet sei. Man könnte ja sonst mit zuhilfenahme eines lebenden Bildes den Schutz eines Kunstwerkes geradezu illusorisch machen. (Kohler, Litt. und art. Kunstwerk S. 60 ff., Meili, Schweiz. Gerichtspraxis I S. 55 und 65).

Ziffer 3 soll die vereinfachte Fassung erhalten

3. **an einem Bauwerk oder an einem gewerblichen Erzeugnis als Zierat angebracht ist.**

Ziffer 4 und 5 sind analog Schriftwerkgesetz § 5 c und d **zu ändern** (s. o. S. 56 ff.).

§ 6.

Als verbotene Nachbildung ist nicht anzusehen:

1. die Einzelkopie eines Werkes der bildenden Künste, sofern dieselbe ohne die Absicht der Verwertung angefertigt wird. Es ist jedoch verboten, den Namen oder das Monogramm des Urhebers des Werkes in irgend einer Weise auf der Einzelkopie anzubringen, widrigenfalls eine Geldstrafe bis zu fünfhundert Mark verwirkt ist;
2. die Nachbildung eines Werkes der zeichnenden oder malenden Kunst durch die plastische Kunst, oder umgekehrt;
3. Die Nachbildung von Werken der bildenden Künste, welche auf oder an Straßen oder öffentlichen Plätzen bleibend sich befinden. Die Nachbildung darf jedoch nicht in derselben Kunstform erfolgen;
4. Die Aufnahme von Nachbildungen einzelner Werke der bildenden Künste in ein Schriftwerk, vorausgesetzt, daß das letztere als die Hauptsache erscheint und die Abbildungen nur zur Erläuterung des Textes dienen. Jedoch muß der Urheber des Originals oder die benutzte Quelle angegeben werden, widrigenfalls die Strafbestimmung im § 24 des Gesetzes vom 11. Juni 1870, betreffend das Urheberrecht an Schriftwerken 2c., (Bundes-Gesetzbl. 1870 S. 339) Platz greift.

Absatz 1 soll „hinter angefertigt wird“ folgenden Zusatz erhalten:

Kommt die Kopie jedoch in den Handel, so ist Beschlagnahme zulässig.

Dem Schöpfer des Originals soll das Recht gegeben werden, solche Handkopien zu verfolgen, die, ursprünglich auf Grund der Ziffer 1 rechtmäßig zu Studienzwecken gefertigt, späterhin in den Handel gelangen.

Ferner wünscht der Ausschuß eine Vorschrift, daß die Kopie als solche durch einen ausdrücklichen, an auffallender Stelle angebrachten Vermerk erkennbar sein soll.

Absatz 2 wird einstimmig gestrichen, da die Grenze zwischen zeichnerischer und plastischer Kunst schwer zu ziehen ist und dieser Umstand, wie vorgebrachte Beispiele zeigten, von gewissenlosen Nachbildnern auf gewerblichem Gebiete, im besondern bei Buntdrucken mit leichter Reliefpressung, ausgebeutet wird. Ferner könnte z. B. mit Hilfe einer Panoptikumgruppe der Schutz eines beliebten Gemäldes durch Absatz 2 illusorisch gemacht werden, sobald der Wachsplastiker das Vervielfältigungsrecht der Gruppe für Flächennachbildung verkauft. (Kohler, Litt. und art. Kunstwerk S. 66 ff., dagegen Wächter, Urh.-R. [1877] S. 197/8). Wo aber wirklich künstlerische Interessen vorliegen, sei die Erlaubnis des Schöpfers des Originals leicht zu erhalten. Habe endlich die Nachbildung den Charakter eines selbständigen Kunstwerks, so gewähre ihr § 4 die erforderliche Freiheit.

Absatz 3 wird einstimmig gestrichen, doch sollen Straßenaufnahmen, wo das betreffende Kunstwerk nur als Staffage dient, erlaubt sein. Die Streichung erfolgte auf Grund der Erwägung, daß man eigentlich keinen nachhaltigen Grund anführen könne, weshalb die öffentlichen Denkmäler keinen Schutz verdienten; es entspreche nur der fortschreitenden Erkenntnis von dem Wert geistiger Thätigkeit, wenn man jene nicht mehr preisgebe. Dafür sei auch der Umstand, daß das Künstlerhonorar für öffentliche Denkmäler oft sehr gering sei, man solle also dem Autor eine eventuelle Einnahme aus dem Vervielfältigungsrecht belassen.

Absatz 4 soll sich dem Schriftwerkgesetz § 7a resp. § 44 anschließen (s. o. S. 66 und 89). Im übrigen soll der Text als Hauptsache erscheinen, die Abbildungen dürfen nicht lediglich zur Ausschmückung dienen, die Quellenangabe soll sich unter jeder entlehnten Abbildung befinden. Daß nach den Bestimmungen der Konvention mit den Vereinigten Staaten von Nordamerika jede auf Grund von § 6, 4 dieses Gesetzes erfolgende Entlehnung eines durch jene Konvention geschützten Bildes ohne Beisatz der Worte Copyright by . . . . . . diesem Bilde den mühsam und mit Kosten gewonnenen Schutz in Nordamerika entzieht, erkennt der Ausschuß als sehr bedauerlich an; es ist daher vielleicht zu erwägen, ob der Entlehner nicht zu verpflichten ist, bei solchen Copyright-Bildern neben der Quelle auch den Copyright-Vermerk anzubringen. Im übrigen empfand anläßlich dieser Erwägungen der Ausschuß es wiederum als der deutschen Nation unwürdig, daß sie infolge der amerikanischen Konvention auf ihre deutschen Gemälde resp. unter deren Reproduktionen das englische Wort Copyright setzen müsse, während amerikanische Kunstwerke ohne solche Vermerke bei uns geschützt seien. Eine Umbildung der amerikanischen Urheberrechtsgesetzgebung im Sinne der Berner Konvention sei dringend erforderlich.

Die Anregung, für Verlags-, Sortiments- und Auktionskataloge die Nachbildungserlaubnis generell zu erteilen, wurde als zu weitgehend abgelehnt.

§ 7.

Wer ein von einem anderen herrührendes Werk der bildenden Künste auf rechtmäßige Weise, aber mittels eines anderen Kunstverfahrens nachbildet, hat in Beziehung auf das von ihm hervorgebrachte Werk das Recht eines Urhebers (§ 1), auch wenn das Original bereits Gemeingut geworden ist.

Dieser Paragraph soll folgende Fassung erhalten:

„Wer ein von einem anderen herrührendes Werk der bildenden Künste auf rechtmäßige Weise, aber mittels eines anderen Kunstverfahrens nachbildet, ist in Beziehung auf das von ihm hervorgebrachte Werk gegen Nachbildung geschützt, auch wenn das Original bereits Gemeingut geworden ist.“

Die Änderung hat den Zweck festzustellen, daß ein selbständiges Urheberrecht nur bei Nachbildungen ungeschützter Werke in einem anderen Kunstverfahren eintreten könne, daß aber bei Nachbildung noch geschützter Werke nur ein vom Recht des Urhebers abgeleiteter Schutz für jene Art künstlerischer, rechtmäßiger Nachbildungen erworben werden solle, für die der Nachbildner eine zur Vervielfältigung geeignete künstlerische Druckform geschaffen. Ein solcher Nachbildner aber könne niemals ein dem Recht des Erfinders parallel laufendes Recht am Sujet haben.

Das Recht des rechtmäßigen Nachbildners ist demnach, als von dem des Erfinders abgeleitet, ein beschränktes, beschränkt aber nur dem Erfinder gegenüber. Erlischt das Recht des letzteren früher als das des Nachbildners, so fällt für diesen natürlich jene Beschränkung seines Rechtes fort und es steht ihm frei, seine Nachbildung als Grundlage für Nachbildungen jeder Art zu verwerten.

Des weiteren wurden zu dieser Frage noch folgende Bedenken laut. Offenbar hat das Gesetz mit diesem Paragraphen, der im Bericht der Reichstagskommission sogar direkt als der „sogenannte Kupferstichparagraph“ bezeichnet wird, nur die vervielfältigenden Künste im Auge. Wie aber, wenn ein Ölgemälde mit Erlaubnis des Erfinders mehrfarbig in Aquarell, Pastell oder einfarbig in Kreide, Kohle, Gouache,

Tusche kopiert wird? Liegt hier ein anderes Kunstverfahren im Sinne des Gesetzes vor? Mandry (S. 236) giebt als Definition: die Verschiedenheit in der technischen Operation müsse so beschaffen sein, daß sie ihrem regelmäßigen Erfolge nach eine Verschiedenheit des Produktes mit sich bringe. Letzteres ist aber unbedingt bei den genannten Verfahren der Fall; solche „regelmäßig“ hergestellte Kopien hätten also ein ihnen eigenes Urheberrecht. Das ist aber ganz unthunlich.

§ 8.

Wenn der Urheber eines Werkes der bildenden Künste das Eigentum am Werke einem anderen überläßt, so ist darin die Übertragung des Nachbildungsrechts fortan nicht enthalten; bei Porträts und Porträtbüsten geht dieses Recht jedoch auf den Besteller über.

Der Eigentümer des Werkes ist nicht verpflichtet, dasselbe zum Zweck der Veranstaltung von Nachbildungen an den Urheber oder dessen Rechtsnachfolger herauszugeben.

Einstimmig in folgender Fassung angenommen:

„In dem Eigentum an einem Werke der bildenden Kunst ist das Recht für dessen Nachbildung nicht inbegriffen. Der Eigentümer eines solchen Werkes ist jedoch nicht verpflichtet, es zum Zweck der Nachbildung herauszugeben.

Das Recht der Nachbildung geht indessen an den Besteller des Werkes, bezw. dessen Rechtsnachfolger, gleichzeitig mit dem Eigentum über:

1. **wenn dasselbe unter Umständen in Auftrag gegeben wurde, aus denen die Absicht der Nachbildung als besonderer Zweck erhellt;**
2. **wenn das Kunstwerk an Baulichkeiten haftet, welche des Bestellers Eigentum sind;**
3. **bei Porträtdarstellungen jeder Art.**
   Hierbei soll der Abgebildete aber berechtigt sein, deren Veröffentlichung auf Lebzeit zu untersagen.

Die Einfügung des Absatzes 1 bedarf keiner näheren Motivierung, die Forderung stützt sich auf die thatsächlichen Verhältnisse des täglichen Verkehrs zwischen Künstler und Verleger.

Auch der neu eingefügte Absatz 2 bedarf kaum einer Begründung. Wenn jemand zum Schmucke seines Heims Kunstwerke herstellen läßt, welche einen integrierenden Bestandteil des Baues bilden, so muß er gegen anderweitige Nachbildung derselben geschützt sein.

Der Absatz 3 hat gegenüber der entsprechenden früheren Formulierung den Vorzug, daß er alles umfaßt. Die alte Fassung „Porträts und Porträtbüsten“ traf z. B. nicht Reliefs.

Der neu hinzugefügte Schlußsatz soll das Recht der Individualität besser zum Ausdruck bringen, als es in der alten Fassung der Übergang der Nachbildungsrechte an den „Besteller" vermag. Durch den neuen Zusatz ist auch der Fall getroffen, daß der Besteller das Original nicht abnimmt oder nicht bezahlen kann. Das Recht des Künstlers, das Original in diesem Falle anderweitig zu verkaufen, steht ja fraglos fest; gegen die Nachbildung soll aber auch in diesem Fall der Dargestellte protestieren können.

Karikaturporträts in Witzblättern jedoch wird man mit dem von uns konstruierten Verbietungsrecht des Dargestellten kaum entgegentreten wollen. Hier muß eventuell das Strafgesetz wegen „Beleidigung" Hilfe bringen.

Durch den vom Ausschuß beschlossenen Schlußsatz ist auch der Fall getroffen, daß es bei einem Porträt keinen Besteller giebt. Dieser Fall tritt ein, wenn ein Maler z. B. aus der Erinnerung ohne Auftrag ein Damenporträt malt und dies, sagen wir zu einem Plakat verwendet. Ja es kann sogar bei einem solchen „Porträt wider Willen" einen „Besteller" geben, wenn z. B. ein Fabrikant einem Maler für ein Plakat das Porträt einer berühmten Schönheit in Auftrag giebt. Alles dies beweist, daß mit dem „Besteller", der nach der bisherigen Fassung der Träger des Urheberrechtes sein soll, nicht auszukommen ist. Vergl. hierzu Allfeld, Reichsges. üb. d. Urheberr. S. 309 und J. Kaiser, Zwangsvollstr. i. d. Urheberr. S. 42ff.

b. Dauer des Urheberrechts.

§ 9.

Der Schutz des gegenwärtigen Gesetzes gegen Nachbildung wird für die Lebensdauer des Urhebers und dreißig Jahre nach dem Tode desselben gewährt.

Bei Werken, welche veröffentlicht sind, ist diese Dauer des Schutzes an die Bedingung geknüpft, daß der wahre Name des Urhebers auf dem Werke vollständig genannt oder durch kenntliche Zeichen ausgedrückt ist.

Werke, welche entweder unter einem anderen, als dem wahren Namen des Urhebers veröffentlicht, oder bei welchen ein Urheber gar nicht angegeben ist, werden dreißig Jahre lang, von der Veröffentlichung an, gegen Nachbildung geschützt. Wird innerhalb dieser dreißig Jahre der wahre Name des Urhebers von ihm selbst oder seinen hierzu legitimierten Rechtsnachfolgern zur Eintragung in die Eintragungsrolle (§ 39 des Gesetzes vom 11. Juni 1870, betreffend das Urheberrecht an Schriftwerken 2c. — Bundes-Gesetzbl. 1870

S. 339) angemeldet, so wird dadurch dem Werke die im Absatz 1 bestimmte längere Dauer des Schutzes erworben.

Zu Absatz 1. Bezüglich der Dauer der Schutzfrist war die starke Majorität der Meinung, daß für den Kunsthandel eine solche bis zu 30 Jahren nach dem Tode des Autors genüge. Durchmustere man die Kataloge der großen Kunstverleger, so werde man kaum auf ein Kunstwerk stoßen, dessen Verlag noch 30 Jahre nach dem Tode des Künstlers einen Vermögenswert repräsentiere. Würde das Sujet als solches wirklich noch eine gewisse Anziehungskraft besitzen, so stände die zu seiner Reproduktion verwandte, schnell veraltende Technik einer erheblichen Verbreitung entgegen.

Sollte jedoch im Interesse der Einheitlichkeit der gesetzlichen Bestimmungen eine Erweiterung eintreten, so sei die Frage, wem der Zuwachs zu gut komme, analog den diesbezüglichen Beschlüssen beim Schriftwerkgesetz § 8 zu regeln (siehe oben S. 70 ff.).

Absatz 2 soll lauten: Bei **in Vervielfältigungen herausgegebenen** Werken ist diese Dauer des Schutzes an die Bedingung geknüpft, daß der wahre Name des Urhebers auf dem Werke vollständig genannt oder durch **deutliche** Zeichen ausgedrückt ist.

Dieser Änderungswunsch erklärt sich durch die Erwägung, daß der Ausdruck „veröffentlicht" zu erheblichen Unklarheiten führen kann (vergl. Stenglein, S. 54 zu § 9, 2). Das Gesetz macht bezüglich des Schutzes keinen Unterschied zwischen dem Einzelkunstwerk, dem „Original" und den Vervielfältigungen desselben. Gilt ein Gemälde schon für veröffentlicht, wenn es in eine öffentliche Ausstellung gelangt? Der Ausschuß verneinte diese Frage, und um fernerhin Unklarheiten zu vermeiden, schlägt er für Absatz 2 obige Fassung vor.

In Absatz 3 muß gemäß der Änderung des Absatzes 2 das Wort „veröffentlicht" durch „**in Vervielfältigungen herausgegeben**" ersetzt werden.

§ 10.

Bei Werken, die in mehreren Bänden oder Abteilungen erscheinen, wird die Schutzfrist von dem ersten Erscheinen eines jeden Bandes oder einer jeden Abteilung an berechnet.

Bei Werken jedoch, die in einem oder mehreren Bänden eine einzige Aufgabe behandeln und mithin als in sich zusammenhängend zu betrachten sind, beginnt die Schutzfrist erst nach dem Erscheinen des letzten Bandes oder der letzten Abteilung.

Wenn indessen zwischen der Herausgabe einzelner Bände oder Abteilungen ein Zeitraum von mehr als drei Jahren verflossen ist, so sind die vorher erschienenen Bände, Abteilungen ꝛc. als ein für sich bestehendes Werk und ebenso die nach Ablauf der drei Jahre erscheinenden weiteren Fortsetzungen als ein neues Werk zu behandeln.

Unverändert. Da es ebenso oft im Kunst- wie im Buchhandel vorkommt, daß anonyme Werke in Abteilungen erscheinen, so ist dieser Paragraph zur Regelung der Schutzfrist ebenso unentbehrlich als der entsprechende § 14 des Schriftwerkgesetzes. Dies wurde gegenüber anderweitigen Einwendungen ausdrücklich festgestellt.

§ 11.

Die erst nach dem Tode des Urhebers veröffentlichten Werke werden dreißig Jahre lang, vom Tode des Urhebers an gerechnet, gegen Nachbildung geschützt.

Wegen der Schutzfrist vergl. die Bemerkungen zu § 9, 1.

§ 12.

Einzelne Werke der bildenden Künste, welche in periodischen Werken, als Zeitschriften, Taschenbüchern, Kalendern ꝛc. erschienen sind, darf der Urheber, falls nichts anderes verabredet ist, auch ohne Einwilligung des Herausgebers oder Verlegers des Werkes, in welches dieselben aufgenommen sind, nach zwei Jahren, vom Ablaufe des Jahres des Erscheinens an gerechnet, anderweitig abdrucken.

Gestrichen als den bestehenden Verhältnissen im Kunstverlage direkt widersprechend. Dieser Paragraph entspricht dem § 10 des Schriftwerkgesetzes, aus dem er schematisch, wie der § 13 mit seinem „Verfasser", herübergenommen ist. Während nun aber das Interesse des Verlegers an einem einzelnen in seiner Zeitschrift abgedruckten Schriftwerk bald nach dem Erscheinen erschöpft ist, bildet ein nach einem Kunstwerk hergestellter, oft hoch bezahlter Holzstock ein wertvolles werbendes Kapital im Inventar des Verlegers. Der Einwand, daß man sich durch Separatverträge gegen die Nachteile dieser Paragraphen schützen könne, ist insofern unzutreffend, als das Gesetz die normalen und nicht die anormalen Verhältnisse zu fixieren hat.

§ 13.

In den Zeitraum der gesetzlichen Schutzfrist wird das Todesjahr des Verfassers beziehungsweise das Kalenderjahr der ersten Veröffentlichung oder des Erscheinens des Werkes nicht eingerechnet.

Statt des Verfassers natürlich „Urhebers".

§ 14.

Wenn der Urheber eines Werkes der bildenden Künste gestattet, daß dasselbe an einem Werke der Industrie, der Fabriken, Handwerke oder Manufakturen nachgebildet wird, so genießt er den Schutz gegen weitere Nachbildungen an Werken der Industrie zc. nicht nach Maßgabe des gegenwärtigen Gesetzes, sondern nur nach Maßgabe des Gesetzes, betreffend das Urheberrecht an Mustern und Modellen.

Nur im Wortlaut, konform mit dem neuen § 3, 3 des Photographengesetzes (s. u. S. 104), zu vereinfachen: statt „einem Werke der Industrie, der Fabriken, Handwerke oder Manufakturen" zu setzen: „**einem Bauwerk oder gewerblichen Erzeugnis als Verzierung**". Im übrigen trotz Gegenvorschlag des Antwerpener Kongresses der „Association littéraire" unverändert.

§ 15.

Ein Heimfallsrecht des Fiskus oder anderer zu herrenlosen Verlassenschaften berechtigter Personen findet auf das ausschließliche Recht des Urhebers und seiner Rechtsnachfolger nicht statt.

Gleichlautend mit § 17 des Schriftwerkgesetzes. Unverändert.

c. Sicherstellung des Urheberrechts.

§ 16.

Die Bestimmungen in den §§ 18—42 des Gesetzes vom 11. Juni 1870, betreffend das Urheberrecht an Schriftwerken zc. (Bundes-Gesetzbl. 1870, S. 339) finden auch auf die Nachbildung von Werken der bildenden Künste entsprechende Anwendung.

Die Sachverständigenvereine, welche nach Maßgabe des § 31 des genannten Gesetzes Gutachten über die Nachbildung von Werken der bildenden Künste abzugeben haben, sollen aus Künstlern verschiedener Kunstzweige, aus Kunsthändlern, Kunstgewerbetreibenden und aus anderen Kunstverständigen bestehen.

Hinter „Kunsthändlern" einzuschalten „**Kunstverlegern**". Vergl. die Beschlüsse zu § 31 des Schriftwerkgesetzes (s. o. S. 84). Da übrigens von den aus letztem hier angezogenen §§ 18—42 die §§ 24 und 37 für das Kunstwerkgesetz gar keinen Sinn haben, wäre wohl die Herübernahme auf §§ 18—23, 25—36 und 38—42 zu beschränken, falls nicht das ganze Urheberrecht in einem Gesetz vereinigt wird.

d. Allgemeine Bestimmungen.

§ 17.

Das gegenwärtige Gesetz tritt mit dem 1. Juli 1876 in Kraft. Alle früheren in den einzelnen Staaten des Deutschen Reiches geltenden Bestimmungen in Beziehung auf das Urheberrecht an Werken der bildenden Künste treten von demselben Tage ab außer Wirksamkeit.

Entspricht § 57 des Schriftwerkgesetzes. **Bleibt späterer Feststellung vorbehalten.**

§ 18.

Das gegenwärtige Gesetz findet auch auf alle vor dem Inkrafttreten desselben erschienenen Werke der bildenden Künste Anwendung, selbst wenn dieselben nach den bisherigen Landesgesetzgebungen keinen Schutz gegen Nachbildung genossen haben.

Die bei dem Inkrafttreten dieses Gesetzes vorhandenen Exemplare, deren Herstellung nach der bisherigen Gesetzgebung gestattet war, sollen auch fernerhin verbreitet werden dürfen, selbst wenn ihre Herstellung nach dem gegenwärtigen Gesetze untersagt ist.

Ebenso sollen die bei dem Inkrafttreten dieses Gesetzes vorhandenen, bisher rechtmäßig angefertigten Vorrichtungen, wie Formen, Platten, Steine, Stereotypabgüsse u. s. w. auch fernerhin zur Anfertigung von Exemplaren benutzt werden dürfen.

Auch dürfen die beim Inkrafttreten des Gesetzes bereits begonnenen, bisher gestatteten Vervielfältigungen noch vollendet werden.

Die Regierungen der Staaten des Deutschen Reiches werden ein Inventarium über die Vorrichtungen, deren fernere Benutzung hiernach gestattet ist, amtlich aufstellen und diese Vorrichtungen mit einem gleichförmigen Stempel bedrucken lassen.

Nach Ablauf der für die Legalisierung angegebenen Frist unterliegen alle mit dem Stempel nicht versehenen Vorrichtungen der bezeichneten Werke, auf Antrag des Verletzten, der Einziehung. Die nähere Instruktion über das bei der Aufstellung des Inventariums und bei der Stempelung zu beobachtende Verfahren wird vom Reichskanzleramt erlassen.

Entspricht § 58 des Schriftwerkgesetzes.

Zu Absatz 1. Die Unzulänglichkeit des Ausdruckes „erschienen“

zeigt sich hier deutlich. Nach dem allgemeinen Sprachgebrauch, nach den Definitionen von Wächter (Autorr. S. 154, Urheberr. a. W. d. bild. K. S. 137, Verlagsrecht S. 450), Endemann (Urheberr. S. 87) und Dambach (Urheberrecht S. 111) ist „erschienen“ identisch mit „dem Publikum zugänglich, zum Verkauf ausgelegt“; ein durch eine Ausstellung dem Publikum zugänglich gemachtes Bild sei keineswegs „erschienen“ oder „veröffentlicht“, welche beiden Ausdrücke der Gesetzestext gleichwertig nebeneinander verwendet.[1]) Wenn dem aber so ist, so sind alle am Tage des Inkrafttretens des Gesetzes vom Jahre 1876, d. h. am 1. Juli 1876, nicht in Vervielfältigung erschienenen Kunstwerke nicht geschützt, mit anderen Worten, die Vervielfältigungen stehen bez. des Schutzes besser als das unvervielfältigte Einzelkunstwerk. Daß hier der Gesetzgeber eine Lücke gelassen, ist klar; offenbar liegt hier wieder, wie bei §§ 12 und 13 eine ganz schematische Hinübernahme der analogen Bestimmung des § 58 des Schriftwerkgesetzes vor. Dort wirkt jene Bestimmung — obwohl sie auch unzulänglich ist — nicht so schädlich, weil das unveröffentlichte Manuskript fast immer in den Händen des Autors oder seines Rechtsnachfolgers sein wird, was bei dem Kunstwerk aber in den seltensten Fällen der Fall ist. Es muß also hier und auch in § 58 des Schriftwerkgesetzes verbessert werden statt „erschienenen“ „vorhandenen“ (s. Allfeld S. 265) oder es müssen die nicht erschienenen Werke noch besonders genannt werden, wie dies unten in §§ 20 und 21 der Fall ist.

Absatz 2—6 unverändert.

§ 19.

Die Erteilung von Privilegien zum Schutze des Urheberrechts ist nicht mehr zulässig.

Dem Inhaber eines vor dem Inkrafttreten des gegenwärtigen Gesetzes von den Regierungen einzelner deutscher Staaten erteilten Privilegiums steht es frei, ob er von diesem Privilegium Gebrauch machen oder den Schutz des gegenwärtigen Gesetzes anrufen will.

Der Privilegienschutz kann indes nur für den Umfang derjenigen Staaten geltend gemacht werden, von welchen derselbe erteilt worden ist.

Die Berufung auf den Privilegienschutz ist dadurch bedingt, daß das Privilegium entweder ganz oder dem wesentlichen Inhalte nach dem Werke vorgedruckt oder auf oder hinter dem Titelblatt desselben bemerkt ist. Wo dieses nach der Natur des Gegenstandes

1) Dagegen Klostermann, Urheberrecht S. 172 Anmerk. 1.

nicht stattfinden kann oder bisher nicht geschehen ist, muß das Privilegium, bei Vermeidung des Erlöschens, binnen drei Monaten nach dem Inkrafttreten dieses Gesetzes zur Eintragung in die Eintragsrolle angemeldet werden. Das Kuratorium der Eintragsrolle hat das Privilegium öffentlich bekannt zu machen.

Entspricht § 60 des Schriftwerkgesetzes. Als formale Übergangsbestimmung erst **später zu fixieren.** Da aber kaum noch Privilegien existieren, dürfte dieser ganze Paragraph in Wegfall kommen können.

§ 20.

Das gegenwärtige Gesetz findet Anwendung auf alle Werke inländischer Urheber, gleichviel ob die Werke im Inlande oder Auslande erschienen oder überhaupt noch nicht veröffentlicht sind.

Wenn Werke ausländischer Urheber bei inländischen Verlegern erscheinen, so stehen diese Werke unter dem Schutze des gegenwärtigen Gesetzes.

Entspricht § 61 des Schriftwerkgesetzes. Absatz 1 soll, nur formell behufs Präcisierung des Begriffs „erschienen" geändert, lauten:

> **„Das gegenwärtige Gesetz findet Anwendung bei Werken inländischer Urheber, gleichviel ob Vervielfältigungen davon im In- oder Auslande erschienen oder überhaupt noch nicht erschienen sind."**

Absatz 2 unverändert. Der Gesetzgeber spricht hier absichtlich von „inländischen Verlegern" entgegen dem § 61 des Schriftwerkgesetzes, der von „Verlegern, die im Gebiet des Deutschen Reichs ihre Handelsniederlassung haben" lautet, um die Möglichkeit zu erschweren, daß Ausländer mit Hilfe eines inländischen Strohmanns die Vorteile des deutschen Gesetzes sich aneignen.

§ 21.

Diejenigen Werke ausländischer Urheber, welche in einem Orte erschienen sind, der zum ehemaligen Deutschen Bunde, nicht aber zum Deutschen Reich gehört, genießen den Schutz dieses Gesetzes unter der Voraussetzung, daß das Recht des betreffenden Staates den innerhalb des Deutschen Reichs erschienenen Werken einen den einheimischen Werken gleichen Schutz gewährt; jedoch dauert der Schutz nicht länger, als in dem betreffenden Staate selbst. Dasselbe gilt von nicht veröffentlichten Werken solcher Urheber, welche zwar nicht im Deutschen Reich, wohl aber im ehemaligen deutschen Bundesgebiete staatsangehörig sind.

Soll, ebenfalls nur formell geändert, lauten:

„**Diejenigen Werke ausländischer Urheber, von denen Vervielfältigungen in einem Orte erschienen sind, der zum ehemaligen Deutschen Bunde, nicht aber zum Deutschen Reiche gehört, genießen den Schutz dieses Gesetzes unter der Voraussetzung, daß das Recht des betreffenden Staates den innerhalb des Deutschen Reiches in Vervielfältigungen erschienenen Werken einen den einheimischen Werken gleichen Schutz gewährt. Jedoch dauert der Schutz nicht länger, als in dem betreffenden Staate selbst. Dasselbe gilt von noch nicht vervielfältigten Kunstwerken solcher Urheber, welche zwar nicht im Deutschen Reiche, wohl aber im ehemaligen deutschen Bundesgebiet staatsangehörig sind.**“

Da dieser Paragraph ganz konform dem § 62 des Schriftwerkgesetzes ist, vergl. im übrigen die dort S. 100 gegebenen Bemerkungen, im besonderen wegen der heute zu Deutschland und Österreich gehörigen Territorien, die nicht Teile des ehemaligen deutschen Bundes waren und ferner wegen der Reciprocitätsfrage. Zu der letztern ist festzustellen, welche Länder außerhalb des heutigen deutschen Reiches zum ehemaligen Deutschen Bunde gehörten. Das war Österreich (exkl. Ungarn, Kroatien, Slavonien, Bukowinna, Galizien, Dalmatien, Bosnien, Herzegowina), Limburg, Luxemburg, Lichtenstein. Da das Herzogtum Limburg und das Fürstentum Lichtenstein jedoch ein Urheberrecht nicht kennen, so sind deutsche Werke dort nicht geschützt und vice versa. Was Luxemburg betrifft, so regeln sich, nachdem es der Berner Konvention beigetreten ist, die betr. Beziehungen nach dieser. Österreichs Publikationen endlich sind nur insofern im Deutschen Reiche geschützt, als sie nicht in den oben ausgenommenen Ländern erschienen sind, während der § 2 des neuen österreichischen Gesetzes vom 26. Dezember 1895 die im Deutschen Reiche erschienenen Werke in allen seinen Territorien schützt, Ungarn, das ein selbständiges Königreich bildet, ausgenommen. Als naturgemäße Folge dieser entgegenkommenden Bestimmung des österreichischen Gesetzes, durch welche jetzt in Österreich auch die in Ostpreußen, Westpreußen, Posen, Schleswig, Elsaß-Lothringen und Helgoland (d. h. in den Territorien des heutigen Deutschen Reiches, welche nicht zum Deutschen Bunde gehörten) erschienenen Werke ausdrücklich (nicht blos durch eine zweifelhafte Reciprocitätserklärung wie in § 39 des alten Gesetzes) geschützt sind, wird das neue deutsche Gesetz auch alle in den bisher ausgenommenen österreichischen Territorien erschienenen Werke schützen müssen, umsomehr als der Nachsatz des § 2 des neuen österreichischen Gesetzes ausdrücklich „Gegenseitigkeit“ verlangt.[1])

1) Es erscheint fraglich, ob durch diese Gegenseitigkeitsbedingung nicht überhaupt der Schutz der in den oben genannten reichsdeutschen Territorien

Mit Ungarn wird das Deutsche Reich eine besondere Konvention schließen müssen, falls Österreich-Ungarn nicht in der Zwischenzeit der Berner Konvention beigetreten ist. Ungarn hat bekanntlich ein selbständiges Urheberrecht und 1887 eine selbständige Konvention mit Österreich abgeschlossen; mit dem Deutschen Reiche besteht eine solche nicht. Somit steht es in seiner litterarisch-artistischen Produktion Ungarn ganz ungeschützt gegenüber und umgekehrt. Die zwischen Österreich und Italien 1890, sowie zwischen Österreich und Großbritannien 1893 abgeschlossene Konvention schließen ausdrücklich Ungarn mit ein, und bezüglich der bereits 1866 abgeschlossenen Konvention zwischen Österreich und Frankreich ist ausdrücklich durch einen officiellen Notenaustausch (s. Streißler, Recht für Urheber, II, S. 186/187) festgestellt worden, daß sie auch für Ungarn Gültigkeit haben.

Was nun die Gegenseitigkeit in der internationalen Schutzgebung anbelangt, so giebt die im Jahr 1895 im „Börsenblatt" ausführlich besprochene Streitfrage betr. Ibsens „Klein Eyolf" Veranlassung, hierzu Stellung zu nehmen. Es ist nämlich festzustellen, ob ein wechselseitiger internationaler Schutz schon dadurch eintritt, daß eine Gegenseitigkeitsbestimmung in das Gesetz aufgenommen ist oder ob eine solche wechselseitige Erklärung erst durch eine besondere Konvention im internationalen Schutz gesetzliche Kraft erlangt.

Durchmustert man die Urheberrechtsgesetzgebung der verschiedenen Staaten, so ergiebt sich folgendes Resultat:

I. Am liberalsten ist Frankreich und Belgien, sie geben allen Ausländern dieselben Rechte wie den Inländern (Hebeler, Ges. üb. d. Urheberrecht, S. 46 Ges. v. 28. März 1852, Art. 1 u. S. 121, Art. 38).

II. Reciprocität, ausdrücklich „ohne besondere Konvention" gewähren Italien (Hed. $60_{,14}$), Spanien (Hed. $98_{,50}$), Venezuela (Streißler II, 119 Schluß).

III. Reciprocität ohne nähere Bestimmungen sichern zu: Schweiz (Hed. $40_{,10}$), Rumänien (Hed. $160_{,11}$), Griechenland (Hed. $162_{,433}$), Bolivia (Streißler II, S. $7_{,7}$), Kolumbia, aber nur für Länder spanischer Zunge (Streißler II, S. $60_{,2}$), Mexiko (Streißler II, S. $70_{,6}$).[1])

---

erschienenen Werke für die näher bezeichneten österreichischen Gebiete wieder aufgehoben ist, ja ob nicht sämtliche deutsche Verlagswerke dort schutzlos bleiben. Das Nähere in dem interessanten Aufsatz Prof. Ernst Röthlisbergers in den Nachr. a. d. Buchhandel 1896, Nr. 65.

1) Österreich hat in seinem neuen Gesetz vom 26. Dezember 1895 § 2, die in § 39 des alten Gesetzes statuierte Reciprocität absichtlich fallen lassen. Diese Änderung wird in den Motiven (s. L. Geller, Ges. betr. das Urheberrecht S. 52 ff.) damit begründet, daß bei Anwendung des Reciprocitätsgrundsatzes im internationalen Verkehr mangels Gleichheit der materiellen Grundlagen Schwierigkeiten unvermeidlich seien; es erscheine daher empfehlenswerter, den internationalen Schutz durch besondere Staatsverträge zu regeln.

IV. Zur Reciprocität nach vorhergegangener Konvention ermächtigen die Gesetze von: Großbritannien (Heb. $76_{,38}$ in Verbindung mit 80, Art. $3_{,2}$ und $81_{,6}$), Dänemark (Heb. $125_{,28}$, $127_{,9}$, 129 Absatz nach § 10, 130 § 5 und weiter unten § 3, $131_{,3}$), Finnland (Heb. $148_{,32}$), Schweden (Heb. $170_{,19}$), Norwegen (Ges. v. 4. Juli 1893 Art. $37_{,8}$) und Amerika (Heb. $185_{,18}$).

V. Am meisten beschränken sich in der Reciprocität Deutschland (s. Gesetz vom 11. Juni 1870, § 62) und Österreich (s. Gesetz vom 26. Dezember 1895, § 2), indem diese Länder nur sich gegenseitig Reciprocität gewähren.

Der Ausschuß teilte die Ansicht, welche in den Motiven zum neuen österreichischen Urheberrecht zum Ausdruck gelangt ist (s. o. d. Anm. zu Abt. III), daß der einfachen Reciprocitätserklärung ein besonderer Staatsvertrag, oder besser der Anschluß an die Berner Konvention vorzuziehen sei. Auf diese Weise würden die der Konvention nicht angehörenden Staaten eher zum Anschluß genötigt werden.

Im besonderen würde es unwürdig erscheinen, den Amerikanern, die uns so viele Schwierigkeiten mit ihrer ganz heterogenen Gesetzgebung machten, die uns zwingen, englische Worte auf deutsche Bücher und Bilder zu setzen, ohne weiteres die Reciprocität, oder gar, wie von einer Seite der Vorschlag lautete, Schutz ohne Gegenseitigkeit nach Art von Frankreich und Belgien (s. o. Abt. I) zu gewähren.

6.

Vorschläge zum Reichsgesetz,

betreffend den Schutz der Photographien gegen unbefugte Nachbildung.

Vom 10. Januar 1876.

§ 1.

Das Recht, ein durch Photographie hergestelltes Werk ganz oder teilweise auf mechanischem Wege nachzubilden, steht dem Verfertiger der photographischen Aufnahme ausschließlich zu.

Auf Photographien von solchen Werken, welche gesetzlich gegen Nachdruck und Nachbildung noch geschützt sind, findet das gegenwärtige Gesetz keine Anwendung.

Eine Gleichstellung der photographischen Werke mit denen der bildenden Künste wurde principiell abgelehnt, trotz der entgegenstehenden Tendenz der Gesetzgebung in romanischen Ländern.

Absatz 1. **„Auf mechanischem Wege"** **fällt** gemäß dem veränderten § 3 **fort** (s. Begründung daselbst).

Ferner dürfte sich empfehlen zu sagen statt „ein durch Photographie hergestelltes Werk": **„Erzeugnis der photographischen Technik"**, da dieser Ausdruck auch alle Zwischenstufen umfaßt, während man bei „hergestelltes Werk" immer nur an das fertige Positiv denkt. Dagegen sind die Bedenken, die von photographischer Seite wegen des Ausdrucks „nachbilden", als die mechanische Vervielfältigung nicht deutlich genug bezeichnend, geltend gemacht wurden, nicht zutreffend.

Als Absatz 2 wird eingeschoben:

> **„Bei solchen durch die Photographie hergestellten Werken, welche durch die von einer inländischen Anstalt angestellten Arbeitskraft im Auftrag oder auf Rechnung der Anstalt angefertigt werden, gilt diese, wenn durch Vertrag nicht anders bestimmt ist, als die Verfertigerin."**

Der Bericht der Reichstagskommission konstatiert zwar, daß unter dem „Verfertiger" nicht der einzelne Gehilfe zu verstehen sei, sondern der Inhaber der Anstalt, in dessen Besitz Platten und Vorrichtungen sich befänden und nach dessen Anweisung die Arbeiten ausgeführt würden, daß ferner der statt „Verfertiger" vorgeschlagene Ausdruck

„Veranstalter" noch größeren Mißverständnissen ausgesetzt sein könne. Da dieser Kommissionsbericht jedoch den heutigen Interessenten augenscheinlich fast unbekannt ist, so hält der Ausschuß zur Vermeidung vielfach aufgetauchter Zweifel die Einfügung des obigen neuen Absatzes 2 für geboten.

Der bisherige Absatz 2 soll als Absatz 3 folgenden Zusatz erhalten:

Wenn jedoch der gesetzliche Schutz solcher Werke früher abläuft, als die Photographie an sich nach diesem Gesetz geschützt wäre, so tritt bei Ablauf jener Frist der Schutz nach vorliegendem Gesetze ein.

Dieser Zusatz erklärt sich dadurch, daß der Photograph, welcher ein durch das Kunstwerkgesetz noch geschütztes Werk im letzten Schutzjahre reproduziert, für seine Photographie jeden Schutz mit Ablauf dieses Jahres verliert, also ungünstiger gestellt ist, als wenn er ein nach dem Kunstwerkgesetz gar nicht mehr geschütztes Werk reproduziert hätte.

Als § 2 sollte logischerweise der § 7 folgen, entsprechend § 3 des Schriftwerk- und § 2 des Kunstwerkgesetzes.

§ 2.

Als Nachbildung ist nicht anzusehen die freie Benutzung eines durch Photographie hergestellten Werkes zur Hervorbringung eines neuen Werkes.

Unverändert trotz mancher Bedenken. Der Ausschuß kommt jedoch zu der Ansicht, daß über den Begriff der „freien Benutzung" im jeweiligen Falle nur die Sachverständigen entscheiden können, und daß die Rechtsprechung bisher genügenden Schutz gegen Ausbeutung gewährt habe.

Daß dieser Paragraph nur Sinn hat, wenn die „nicht mechanische" Nachbildung verboten ist, sei nur nebenbei bemerkt. Bekanntlich untersagte diese der Entwurf von 1870, und als man später das Verbot auf die mechanische Nachbildung beschränkte, blieb der nun überflüssige § 2 im Gesetz. Eine „freie Benutzung" und „mechanische Nachbildung" schließen sich natürlich gegenseitig aus. Die Motive meinen zwar, eine freie Benutzung sei auch auf mechanischem Wege wenigstens „denkbar", Referent vermag aber kein Beispiel zu konstruieren (s. dagegen Allfeld S. 332).

§ 3.

Die mechanische Nachbildung eines photographischen Werkes, welche in der Absicht, dieselbe zu verbreiten, ohne Genehmigung der Berechtigten (§§ 1 und 7) hergestellt wird, ist verboten.

Soll nach dem Vorschlag des Referenten folgenden Wortlaut erhalten:

„Als verbotene Nachbildung eines durch Photographie hergestellten Werkes ist es auch anzusehen:

1. **wenn bei Hervorbringen derselben ein anderes Verfahren angewendet wurde;**
2. **wenn die Nachbildung nicht unmittelbar nach dem Originalwerke, sondern mittelbar, nach einer Nachbildung desselben geschaffen ist;**
3. **wenn die Nachbildung eines photographischen Werkes sich an einem Bauwerk oder gewerblichen Erzeugnis als Verzierung befindet.“**

Der so erweiterte Schutz war in dem Entwurf von 1870 noch enthalten, wurde jedoch in der Vorlage von 1876 gestrichen: „ein Bild, welches selbst das Produkt eines mechanischen Prozesses sei, dürfe nur gegen mechanische Kopierung Schutz empfangen.“

Daß diese Erwägung heute nicht mehr zutrifft, wurde allseitig anerkannt. Einigen wenigen wirklichen Künstlern würde man ja die Werke der Kamera, welche heute auf einer ungleich höheren Stufe als vor 20 Jahren stehen, zur Nachbildung freigeben, nicht aber jener großen Schar von Xylographen, Lithographen 2c. 2c., die in den Diensten der illustrierenden Technik steht.

Hierbei ist noch zu bedenken, daß es eine große Anzahl von Photographien giebt, die auch von Künstlern, z. B. Kupferstechern, Xylographen 2c. überhaupt nicht anders als ganz sklavisch nachgebildet werden können. Ich erinnere an Sternkarten, mikroskopische und anatomische Abbildungen, überhaupt wissenschaftliche oder technische Darstellungen. Für solche oft schwierige Naturaufnahmen hat z. B. ein nachbildender Lithograph bisher geradezu einen Freibrief.

Wird unserem Vorschlage gemäß auch die nichtmechanische Reproduktion von Photographien verboten, so genügt freilich die durch § 9 (s. u.) erfolgte Herübernahme des § 44 aus dem Schriftwerkgesetze nicht, es muß bezüglich der Photographien von ungeschützten Kunstwerken auch § 6, 4 des Kunstwerkgesetzes sinngemäße Anwendung finden, um „illustrative Citate“ zu ermöglichen.

Daß auch nach der heutigen Fassung des Gesetzes kein Verleger schutzberechtigte Photographien nach ungeschützten Kunstwerken mechanisch für ein Schriftwerk nachbilden darf, weil der § 9 nur § 44 des Schriftwerkgesetzes anzieht, sei noch nebenbei bemerkt.

Die durch Einfügung des Absatzes 3 erfolgte Aufhebung des § 4 (s. u.) wurde vom Ausschuß in ähnlicher Weise wie die Einführung des Verbotes der nichtmechanischen Reproduktion damit begründet, daß dieser § 4 eigentlich direkt zur Gesetzesumgehung auffordere, d. h. er fordere auf, gleich mit der Nachbildung eine billige Adjustierung zu liefern. Darauf macht auch Stenglein (S. 64, Anm. 1 zu § 4) aufmerksam, indem er sagt: „Daß hierdurch das Verbot der Nachbildung auf ein Minimum reduziert ist und der Schutz fast wie eine Inkonsequenz erscheint, dürfte klar sein.“

Es ist irrtümlich, die Photographie nur gegen Nachahmung in Form selbständiger Bilder zu schützen. Warum sollen die Fabrikanten und Kaufleute nicht die durch den Bildschmuck gefälliger gewordene Ausstattung ihrer Waren, deren dadurch erhöhtem Wert und leichterer Verkäuflichkeit entsprechend, honorieren? Daß nach dem jetzigen § 4 es z. B. jedem Cigarrenkistenlieferanten gestattet ist, irgend ein photographisches Porträt durch eine mechanische Vervielfältigung als Verzierung der Cigarrenkiste zu benutzen, liegt auf der Hand. Läßt er es noch gar lithographieren, so ist er doppelt durch das Gesetz gedeckt (§ 4 und § 3 resp. § 8). So kann er denn straflos z. B. eine Gruppe von drei Schwestern, Töchtern eines guten Hauses, die für sich eine photographische Aufnahme privatim haben herstellen lassen, auf die Cigarrenkiste setzen! (Fall Scolik c/a Schött, Deutsche Phot. Ztg. 1895 Nr. 7, Fall Culié ebenda 1894 Nr. 46.)

Bei dem Güteraustausche soll, so fordert Klostermann (Urheberrecht 1876. S. 4) „jedem derjenige Teil an den Früchten der gemeinsamen Erwerbsthätigkeit zukommen, welcher seiner Arbeitsleistung entspricht.“ Ähnlich sagt Kohler (Patentrecht 1878. S. 1): „Wer ein neues Gut schafft, hat das Recht der ausschließlichen ökonomischen Benutzung des Gutes“, und endlich Wächter (Urheberrecht 1872. S. 2): „Die Rechtsordnung des Staates hat die Persönlichkeit in ihrer Thätigkeit, also namentlich die Arbeit gegen Eingriffe zu schützen.“

§ 4.

Die Nachbildung eines photographischen Werkes, wenn sie sich an einem Werke der Industrie, der Fabriken, Handwerke oder Manufakturen befindet, ist als eine verbotene nicht anzusehen.

Ist durch Annahme des § 3, 3 nach dem Vorschlage des Referenten **erledigt.** Dagegen sollte man für diesen ausfallenden Paragraphen den § 4 der Bundesratsvorlage wieder aufnehmen, der lautete:

> **„Die Einzelkopie eines photographischen Werkes, welche ohne die Absicht der Verwertung angefertigt wird, ist als eine verbotene Nachbildung nicht anzusehen.“**

Dieser Paragraph wurde in der Reichstagskommission gestrichen, da sie nur die mechanische Nachbildung verboten haben wollte. Jetzt muß die Gestaltung der Einzelkopie natürlich wieder ihren Platz im Gesetz erhalten (vergl. hierzu Stenglein S. 63, Anm. 2 zu § 3).

§ 5.

Jede rechtmäßige photographische oder sonstige mechanische Abbildung der Originalaufnahme muß auf der Abbildung selbst oder auf dem Karton

a) den Namen beziehungsweise die Firma des Verfertigers der Originalaufnahme oder des Verlegers, und

b) den Wohnort des Verfertigers oder Verlegers,

c) das Kalenderjahr, in welchem die rechtmäßige Abbildung zuerst erschienen ist,

enthalten, widrigenfalls ein Schutz gegen Nachbildung nicht stattfindet.

a und b sind besser zusammenzuziehen wie folgt:

„den Namen beziehungsweise die Firma und den Wohnort des Verfertigers der Originalaufnahme oder des Verlegers.

Dem strengen Gesetzes-Wortlaut nach würde es nämlich genügen, daß bei einer Photographie, wo Verfertiger und Verleger verschiedene Leute sind, ad a der Name des einen und ad b der Wohnort des anderen angegeben werden könnte.

Daß übrigens schon das Preßgesetz in §§ 2 und 6 Namen und Ort für alle Preßerzeugnisse, also auch für Photographien fordert, sei noch nebenher bemerkt.

Die Angabe der Jahreszahl wurde als lästig vom Ausschusse wohl empfunden, doch hält er dies Übel auch bei einem zehnjährigen Schutze für unvermeidlich, bei gebundenen Büchern jedoch sollte die einmalige Angabe von Jahreszahl, Firma und Ort auf dem Titel genügen, und das vereinzelte Vorkommen eines die Bedingungen dieses Paragraphen nicht erfüllenden Exemplars (z. B. Photogravure avant la lettre) noch nicht die Schutzlosigkeit der ganzen Auflage herbeiführen.

§ 6.

Der Schutz des gegenwärtigen Gesetzes gegen Nachbildung wird dem Verfertiger des photographischen Werkes fünf Jahre gewährt. Diese Frist wird vom Ablaufe desjenigen Kalenderjahres ab gerechnet, in welchem die rechtmäßigen photographischen oder sonstigen mechanischen Abbildungen der Originalaufnahme zuerst erschienen sind.

Wenn solche Abbildungen nicht erscheinen, so wird die fünfjährige Frist von dem Ablauf desjenigen Kalenderjahres ab gerechnet, in welchem das Negativ der photographischen Aufnahme entstanden ist.

Bei Werken, die in mehreren Bänden oder Abteilungen erscheinen, findet der § 14 des Gesetzes vom 11. Juni 1870, betreffend das Urheberrecht an Schriftwerken ꝛc., Anwendung.

Zu Absatz 1 und 2: Die Schutzfrist wird auf 10 Jahre nach Erscheinen festgesetzt mit 6 gegen 2 Stimmen. Sollte jedoch von photographischer Seite eine höhere Schutzfrist, von vielleicht 15 Jahren, beantragt werden, so ist der Ausschuß auch mit dieser Frist einverstanden. Daß bei photographischen Werken der Zuwachs in der Schutzfrist nur dem Verleger zu gute kommt, erscheint dem Ausschuß fraglos.

Absatz 3 wird gegenüber früheren anderen Vorschlägen beibehalten; da die Schutzfrist für alle Photographien nur nach dem Erscheinen berechnet wird, so ist eine solche Bestimmung hier noch nötiger, als im Kunstgesetze § 10 (s. dort).

§ 7.

Das in § 1 bezeichnete Recht des Verfertigers eines photographischen Werkes geht auf dessen Erben über. Auch kann dieses Recht von dem Verfertiger oder dessen Erben ganz oder teilweise durch Vertrag oder durch Verfügung von Todeswegen auf andere übertragen werden. Bei photographischen Bildnissen (Porträts) geht das Recht auch ohne Vertrag von selbst auf den Besteller über.

Daß dieser Paragraph in seinen ersten zwei Sätzen sinngemäß seine Stellung besser gleich hinter § 1 fände, habe ich schon oben bemerkt.

Satz 1 soll unverändert bleiben. In Satz 2 ist besser „Rechtsnachfolgern" statt „Erben" zu sagen. Die Rechtsnachfolger können doch ebenfalls ihre Rechte auf andere übertragen!

Zum dritten Satze soll, behufs Vergrößerung des Schutzes der Persönlichkeit analog dem veränderten § 8 des Kunstwerkgesetzes, der Dargestellte das Recht erhalten, **die Veröffentlichung seines Bildnisses auf Lebenszeit zu untersagen.** Dieses Verbietungsrecht muß ihm auch dann verbleiben, wenn z. B. die Negativherstellung unentgeltlich, auf Einladung des Photographen, erfolgte, oder wenn die gegen Zahlung bestellten Kopien nicht abgenommen wurden. Wird dies berücksichtigt, so fällt damit wohl auch im dritten Satze der Pleonasmus „auch ohne Vertrag von selbst". Vergl. hierzu die treffenden Bemerkungen Stengleins S. 65 Anmerk. 3 zu § 7.

Hier ist auch der Ort, zu fordern, daß das Gesetz alle nur für Privatgebrauch, also nicht für Handelszwecke hergestellten Photographien, das sind besonders die Privatbildnisaufnahmen und die meisten Amateurphotographien gegen Nachbildung ohne Auflegung irgend einer Bedingung schütze; denn da § 5 ausdrücklich, ohne jede Ausnahme, alle die Photographien vom Schutze ausnimmt, welche nicht den dort aufgestellten Bedingungen genügen, so sind die oben genannten photographischen Kategorien vogelfrei; es kann also niemandem verwehrt werden, irgend ein Privatporträt einer schönen Dame, das ihm der Zufall in die Hand gespielt hat, als Verzierung auf einer Cigarrenkiste nachzubilden (vergl. hierzu die Ausführungen oben bei § 3). Zu welchen Konsequenzen diese Preisgebung familiärer Porträts führen würde, liegt auf der Hand. Wollte aber auch der Photograph im Interesse seiner Klienten allen Anforderungen, die der § 5 stellt, auf den von ihm gelieferten Privatbildnissen genügen, so würde er besonders bei seinen Klientinnen, betreffs der Anbringung der Jahreszahl manchen Widerspruch erfahren. Könnte er nun selbst diesen überwinden, so wäre immer erst das Damenbildnis auf fünf Jahre und, bisher wenigstens, nur gegen mechanische Nachbildung geschützt.

Dagegen hat die Wahrung des Rechtes der Persönlichkeit bei an öffentlichen Orten hergestellten Photographien da eine Grenze, wo der Einzelne nur als Staffage erscheint.

§ 8.

Wer eine von einem anderen verfertigte photographische Aufnahme durch ein Werk der malenden, zeichnenden oder plastischen Kunst nachbildet, genießt in Beziehung auf das von ihm hervorgebrachte Werk das Recht eines Urhebers nach Maßgabe des § 7 des Gesetzes vom 9. Januar 1876, betreffend das Urheberrecht an Werken der bildenden Künste.

Hinter „Kunst" muß gemäß der Neuformulierung des § 3 eingefügt werden **„rechtmäßig"**. Eine unrechtmäßige Nachbildung eines photographischen Werkes durch die bildenden Künste hat natürlich auf Schutz keinen Anspruch (dagegen Kohler, Autorrecht S. 302, Lit. art. Kunstwerk S. 184).

Durch die Forderung der Rechtmäßigkeit der Nachbildung werden Fälle wie Selle & Kuntze c/a Jünger (Deutsche Phot.-Ztg. 1892 Nr. 3 ff. und Scolik c/a Schött (schon oben bei § 3 citiert) unmöglich gemacht. Auf welch schwacher juristischer Grundlage die Verurteilung Jüngers beruhte, mit wie gezwungener Gesetzesauslegung sie herbeigeführt war, geht daraus hervor, daß man sie nur ermöglichen konnte, indem man das die Unterlage der Jüngerschen Photographie bildende Gemälde von Lotzmann, welches noch dazu gegenüber der Selle & Kuntzeschen Photographie eine Reihe von Veränderungen aufwies, als eine „quasi mechanische" Vervielfältigung hinstellte. Nun aber giebt ja der § 8 sogar einen bis auf das letzte Tüpfelchen nachgebildeten Holzschnitt oder eine solche Lithographie ausdrücklich frei. Ferner ladet der § 2 geradezu zur Schaffung eines neuen Kunstwerkes nach einer Photographie ein.

Der rechtmäßige Nachbildner soll nur bezüglich der Eigenart seiner konkreten künstlerischen Nachbildung, d. h. also gegen mechanische Nachbildung seiner Nachbildung, geschützt sein, er hat logischerweise auch nicht das Recht, nach seiner Nachbildung wiederum Nachbildungen in anderen Verfahren zu gestatten. Diese Beschränkung besteht aber nur dem eigentlichen Urheber der photographischen Aufnahme gegenüber; erlischt für diese der Schutz, so fällt jene Beschränkung natürlich fort. Siehe auch die Ausführungen beim Kunstwerkgesetz § 7.

Das Schutzobjekt wird übrigens hier zum erstenmale im Gesetz als „photographische Aufnahme" bezeichnet, während sonst von „Werken" die Rede ist. Gleichförmigkeit wäre wohl wünschenswert. Dies gilt auch für § 10.

§ 9.

Die Bestimmungen in den §§ 18 bis 38, 44, 61 Absatz 1 des Gesetzes vom 11. Juni 1870, betreffend das Urheberrecht an Schriftwerken ꝛc. finden auch Anwendung auf das ausschließliche Nachbildungs- und Vervielfältigungsrecht des Verfertigers photographischer Werke.

Der Ausschuß beschließt einstimmig, daß von § 61 nicht nur Absatz 1, sondern auch **Absatz 2 herübergenommen werden soll.** Es sei unerfindlich, warum ein deutscher Photographienverleger, der aus dem Ausland photographische Platten für seinen Verlag erwirbt, schlechter gestellt sein soll, als z. B. ein ebenso handelnder Lithographieverleger. Dementsprechend sei zurückzuweisen der in der Reichstagskommission gemachte Einwand, das deutsche Publikum müsse bei Herübernahme von § 61, 2 die betreffenden Photographien teurer bezahlen als das Publikum des Auslandes, da dort ein Schutz für die photographischen Werke der Regel nach nicht vorhanden sei.

Ebenso muß nunmehr aus dem Kunstwerkgesetz § 6, 4 herübergenommen werden, das Nähere s. o. bei § 3. Dagegen ist, wie auch schon bei § 16 des Kunstwerkgesetzes bemerkt, die Herübernahme der §§ 24 und 37 des Schriftwerkgesetzes widersinnig. Der § 9 sollte also beginnen:

> **„Die Bestimmungen in den §§ 18—23, 25—36, 38, 44, 61 des Gesetzes vom 11. Juni 1870 betreffend das Urheberrecht an Schriftwerken, sowie der § 6 al. 4 des Gesetzes betreffend das Urheberrecht an Werken der bildenden Kunst ..... finden auch sinngemäße Anwendung ...."**

Die Einfügung des Wortes „sinngemäß" erscheint notwendig, weil z. B. die in dem herübergenommenen § 18 angezogenen §§ 4 ff. keine wörtliche, sondern nur eine sinngemäße Anwendung gestatten. Diese Änderung ist übrigens auch analog dem § 16 des Kunstwerkgesetzes, der eine „entsprechende" Anwendung des bezüglichen Paragraphen aus dem Schriftwerkgesetze verlangt.

§ 10.

Die Sachverständigenvereine, welche Gutachten über die Nachbildung photographischer Aufnahmen abzugeben haben, sollen aus Künstlern verschiedener Kunstzweige, aus Kunsthändlern, aus anderen Kunstverständigen und aus Photographen bestehen.

Hinter „Kunsthändlern" ist einzufügen **„Kunstverlegern"**. Im übrigen siehe unsere Beschlüsse zu § 31 des Schriftwerkgesetzes.

Betreffs der Bezeichnung des Schutzobjekts als „Aufnahme" vergl. die Schlußbemerkung zu § 8.

§ 11.

Die Bestimmungen des gegenwärtigen Gesetzes finden auch Anwendung auf solche Werke, welche durch ein der Photographie ähnliches Verfahren hergestellt werden.

Unverändert. Eine größere Präcisierung des Begriffes „photographieähnlich" wäre zu wünschen. Doch wird dies gegenüber der ständigen Entwickelung gerade der photographischen Verfahren seine Schwierigkeiten haben. „Photochemisch" und „photomechanisch" ist sicherlich schon präciser, wohl aber auch noch nicht ausreichend. Daß im Sinne des Gesetzes zur Photographie auch Photogravure, Lichtdruck, Farbenlichtdruck (Photochromie), Autotypie gehört, erachtet der Ausschuß für fraglos.

§ 12.

Das gegenwärtige Gesetz tritt mit dem 1. Juli 1876 in Kraft. Auf photographische Aufnahmen, welche vor diesem Tage angefertigt sind, findet dasselbe nur dann Anwendung, wenn die erste rechtmäßige photographische oder sonstige mechanische Abbildung der Originalaufnahme nach dem Inkrafttreten des gegenwärtigen Gesetzes erschienen ist.

Photographische Aufnahmen, welche schon bisher landesgesetzlich gegen Nachbildung geschützt waren, behalten diesen Schutz; jedoch kann derselbe nur für denjenigen räumlichen Umfang geltend gemacht werden, für welchen er durch die Landesgesetzgebung erteilt war.

In Absatz 1 ist natürlich der Zeitpunkt des Inkrafttretens später festzusetzen.

Absatz 2 unverändert.

Was den internationalen Schutz der Photographie anlangt, so ist dafür maßgebend das Schlußprotokoll zur Berner Konvention § 1 (Hebeler S. 191). Dieser Paragraph regelt jedoch in wirklich klarer Weise nur die Verhältnisse in solchen Verbandsländern, welche die Photographien auf eine Stufe mit den Kunstwerken stellen. Das ist in Deutschland nicht der Fall, wohl aber z. B. in der Schweiz, Frankreich, Italien, England. Demzufolge könnte eine deutsche Photographie vielleicht auf Grund von § 9 des schweizerischen Gesetzes Anspruch auf Schutz in der Schweiz erheben (s. a. Berner Konv. Schlußprot. Art. 1). Eine Einregistrierung, wie sie das schweizerische Gesetz für schweizerische Photographien verlangt (Art. 9a) wäre wohl auf Grund der Berner Konvention Art. 2,2 nicht einmal hierfür nötig. Dem aber steht entgegen die Gegenseitigkeitsbedingung in Art. 11 des schweizerischen Gesetzes: Da das Deutsche Reich keine schweizerische Photographie schützt, bleiben auch deutsche Photographien in der Schweiz ungeschützt. Wenn Allfeld (S. 376) sich dagegen ausspricht, so übersieht er offenbar die Gegenseitigkeitsbedingung in Art. 11 des schweizerischen Gesetzes. Die von Scheele (das deutsche Urheberrecht, S. 222), Dambach[1]) (in Holtzendorffs Handbuch des Völkerrechts III, S. 592) und von Bar[1]) (internat. Privatrecht II, S. 262) festgestellte Verpflichtung bezüglich Schutzes der deutschen Photographien in den Verbandsländern der Berner Konvention kann sich offenbar nur auf solche Staaten beziehen, welche die Photographie bez. des Schutzes den Kunstwerken gleichstellen, ohne generelle Gegenseitigkeit betr. des Urheberschutzes zu verlangen, wie dies die Schweiz in Art. 11 ihres Gesetzes ausdrücklich thut.

Dieser klaren schweizerischen Gegenseitigkeitsbedingung gegenüber wirken auch die zu einem entgegengesetzten Resultat kommenden Ausführungen im Droit d'auteur 1895 Nr. 9, 10. (Übersetzung in den Nachrichten aus dem Buchhandel 1895 Nr. 285, 292, 298) nicht überzeugend.

---

1) Diese beiden Autoren finde ich bei Allfeld (S. 376) im angeführten Sinne citiert, leider sind mir die Werke selbst augenblicklich bei Abschluß des Referats nicht zugänglich. Ref.

Buchverlag
des Börsenvereins der Deutschen Buchhändler.

Publikationen des Börsenvereins der Deutschen Buchhändler.

I. Gutachten des K. Preuß. litterar. Sachverständigen-Vereins über Nachdruck und Nachbildung a. d. J. 1864—1873. Herausg. von Dr. Otto Dambach. 1874. M. 3.—.

II. Gesammelte Aufsätze und Mitteilungen aus dem Börsenblatt 1869 bis 1873. 1875. M. 4.—.

III. Frommann, J. F., Geschichte des Börsenvereins der Deutschen Buchhändler. 1875. M. 3.—.

IV. Aktenstücke, betr. die Herausgabe einer Geschichte des Deutschen Buchhandels. 2. Abdr. 1877. M. 1.—.

V. Deutsche Gesetze und Verträge zum Schutze des Urheberrechts. Im Auftrage des Börsenvereins zusammengestellt von A. W. Volkmann. 2. Abdr. 1877. M. 2.70.

VI. Verhandlungen der Conferenz zur Beratung buchhändlerischer Reformen, abgehalten zu Weimar am 18., 19. und 20. September 1878. 1878. M. 2.70.

VII. Fünfzig Gutachten des K. Preuß. litterar. Sachverständigen-Vereins über Nachdruck und Nachbildung a. d. J. 1874—1889. Herausg. von Dr. Otto Dambach. 1891. M. 6.—.

VIII. Ausgewählte Aufsätze und Mitteilungen aus dem Börsenblatt für den Deutschen Buchhandel Jahrg. 1890. 1891. M. 3.—.

Archiv für Geschichte des Deutschen Buchhandels. Band I bis XVIII (1878—1896).

Das Archiv — eine neue Folge der Publikationen — ist dazu bestimmt, durch Erschließung und Ansammlung neuen Stoffes die Ausarbeitung der „Geschichte des Deutschen Buchhandels“ vorbereiten und fördern zu helfen. Die Einsendung von Abhandlungen und von urkundlichem Material wird deshalb von der Redaktion erbeten; namentlich ist die Mitwirkung aus den Kreisen des Buchhandels selbst, besonders in betreff der neueren Zeit, erwünscht.

Katalog der Bibliothek des Börsenvereins der Deutschen Buchhändler. 1885. M. 10.—.

Geschichte des Deutschen Buchhandels. Erster Band. Von Friedr. Kapp. 1886. M. 16.—.

— do. — Zweiter Band. (In Vorbereitung.)

Katalog der Ostermeß-Ausstellung 1884. Geb. M. 10.— no.

Petsch, W., Die gesetzlichen Bestimmungen über den Verlagsvertrag in den einzelnen deutschen Staaten. 1870. M. 2.—.

Adreßbuch des Deutschen Buchhandels und der verwandten Geschäftszweige (begründet von O. A. Schulz). Im Auftrage des Vorstandes des Börsenvereins herausgegeben von der Geschäftsstelle. Große Ausgabe (mit Beilagen). Geb. Für Mitglieder des Börsenvereins M. 10.—, für Nichtmitglieder M. 12.—.

— do. — Kleine Ausgabe (nur I. Abteilung enthaltend). Geb. Für Mitglieder des Börsenvereins M. 6.—, für Nichtmitglieder M. 7.50.

Das Adreßbuch des Deutschen Buchhandels, bis zu seinem 50. Jahrgange von der Firma Otto Aug. Schulz veröffentlicht, ging 1888 in den Besitz des Börsenvereins über.

Dambach, Dr. O., Welche Förmlichkeiten müssen von den deutschen Urhebern und Verlegern beobachtet werden, um den Schutz gegen Nachdruck, Nachbildung, Übersetzung und unerlaubte Aufführung ihrer Werke zu erlangen? Zweite Auflage. 8°. 1895. Für Mitglieder des Börsenvereins 50 ₰, für Nichtmitglieder 75 ₰.

Das Urheberrechtsgesetz in den Vereinigten Staaten von Amerika vom 1. Juli 1891. Im Auftrage des Börsenvereins der Deutschen Buchhändler zu Leipzig herausgegeben von der Amtlichen Stelle für den Deutschen Buch-, Kunst- und Musikverlag in New York. 8°. 1895. Für Mitglieder des Börsenvereins 50 ₰, für Nichtmitglieder 75 ₰.

Bestellungen auf vorstehende Schriften sind zu richten an die

Geschäftsstelle des Börsenvereins der Deutschen Buchhändler zu Leipzig.

Deutsches Buchhändlerhaus, Hospitalstraße.

Druck von Fischer & Wittig in Leipzig.